Lire le théâtre contemporain

Du même auteur

Le jeu dramatique en milieu scolaire, nouvelle édition De Boeck, Bruxelles, 1991.

Introduction à l'analyse du théâtre, Dunod, 1991;

En collaboration (ouvrages collectifs) :

Le théâtre, Bordas, 1980;

Dictionnaire des littératures de langue française, Bordas, 1984.

Dictionnaire encyclopédique du théâtre, Bordas, 1991.

LETTRES SUP

Lire le théâtre contemporain

Jean-Pierre Ryngaert

Sous la direction de
Daniel Bergez

ARMAND COLIN

© Armand Colin, Paris 2005, pour la présente impression
ISBN : 2-200-34308-6

© Dunod, Paris, 1993

Table des matières

THÈMES ET ÉCRITURE

ANTHOLOGIE DE TEXTES

Avant-propos

« Ce qui n'est pas légèrement difforme a l'air insensible - d'où il suit que l'irrégularité, c'est-à-dire l'inattendu, la surprise, l'étonnement, sont une partie essentielle de la caractéristique de la beauté. Le Beau est toujours bizarre. »

Baudelaire

Le théâtre contemporain est encore identifié à « l'avant-garde » des années cinquante, tant le mouvement fut radical et notre goût pour les étiquettes largement satisfait par cette appellation. Comment, en effet, une quarantaine d'années plus tard, imaginer le rassemblement sous la même bannière d'auteurs aussi différents qu'Adamov, Beckett et Ionesco sans en être surpris ? L'absurde, le théâtre métaphysique et un certain théâtre politique, ou un théâtre de la provocation, si l'on veut, se côtoyèrent dans la même opposition, exprimée différemment, contre le « vieux théâtre ». Comme le dit Adamov dans *L'Homme et l'enfant*, en s'étonnant mais en reconnaissant son plaisir à faire partie d'une « bande », « nous étions tous les trois d'origine étrangère, nous avions tous les trois troublé la quiétude du vieux théâtre bourgeois » et « les critiques succombèrent ».

Les temps ont changé et pourtant le vieux théâtre bourgeois ne se porte pas si mal. « L'avant-garde » est admise dans les lycées. Beckett, joué partout dans le monde, scandalise d'autant moins qu'il est mort et identifié comme un « classique contemporain ».

Depuis les années cinquante, l'écriture dramatique a connu des fortunes diverses. Les nouveaux auteurs ont dû faire face à la

tourmente de la fin des années soixante et à la suspicion pesant
sur l'écriture, cet acte solitaire et vaguement élitiste. Quelques-
uns ont résisté à l'engouement en faveur du langage du corps et
de l'indicible. D'autres sont tombés au champ d'honneur du théâtre politique ou se déclarent assassinés par des metteurs en scène
lassés pour un temps de leurs lectures des classiques. D'autres
encore découvrent un jour qu'ils n'existent pas, puisque comme
chacun sait, « il n'y a pas d'auteurs », tout au plus quelques « jeunes auteurs » étonnés de leur éternelle jeunesse. « Les auteurs de
notre temps sont aussi bons que les metteurs en scène de notre
temps » écrivit un jour Bernard-Marie Koltès, sans doute lassé du
regard porté sur les textes d'aujourd'hui.

Des auteurs naïfs s'étonnent du retour en force du théâtre com-
mercial dûment sponsorisé, de moins naïfs survivent de bourses
ou de commandes officielles.

Peut-être la plus grande difficulté pour beaucoup d'auteurs a
été de se situer dans une écriture de « l'après-Beckett », comme si
celui-ci, qui n'en finissait pas d'annoncer la fin, la sienne, la nôtre
et celle du théâtre, avait enfin été entendu. En revanche, l'écriture
de « l'après-Brecht », cet autre père, a été libérée par la mise à
l'écart des sujets politiques et l'affaiblissement des idéologies,
même si la dramaturgie allemande influence toujours autant certains auteurs français qu'elle séduit les metteurs en scène.

Nous n'essaierons pas de mettre de l'ordre dans un paysage
théâtral en mouvement, pas plus que nous ne tenterons l'impossible classement des « auteurs vivants » en les étiquetant par
écoles et par chapelles. Il fallait un point de départ, nous l'avons
trouvé tout naturellement dans les auteurs des années cinquante
qui s'attaquèrent à l'ancienne dramaturgie. Nous n'y reviendrons
pas de manière exhaustive, puisqu'il existe une littérature critique
sur le sujet, mais nous nous en servirons comme d'une base de
réflexion. Dans leur prolongement, nous citerons à l'appui de
notre analyse, principalement les auteurs qui s'attaquent à des
sujets et à des formes pas vraiment répertoriées, en tout cas non
coulées dans les moules de la dramaturgie classique qui a largement survécu en France au-delà du XIXe siècle et souvent jusqu'à
aujourd'hui. Bien entendu, nous ne tiendrons compte que des textes publiés, et ne ferons que signaler ici certains spectacles qui ne
se fondent pas sur un texte dramatique établi. Nous nous
réfèrerons brièvement à quelques auteurs étrangers, pour signaler

une influence manifeste ou une grande popularité en France, non qu'ils soient moins importants mais parce qu'il fallait respecter le cadre de cet ouvrage. Tant pis s'il s'agit parfois de phénomènes de mode, c'est le risque du sujet ; tant pis si des auteurs échappent à notre investigation, ce sont les limites de notre travail et peut-être, aussi, de notre goût.

Qu'est-ce que le théâtre contemporain ?

I. « Les obscures clartés et les incompréhensibles lumières »

S'il fallait donner la définition la plus large du texte de théâtre moderne et contemporain, peut-être pourrait-on reprendre la belle formule d'Umberto Eco qui qualifie les textes de « machines paresseuses » dans *Lector in fabula*, et considérer que notre corpus regroupe les plus paresseux de tous. Pas forcément les plus abstraits ou les plus énigmatiques comme on l'entend dire parfois, mais plutôt ceux qui ne se livrent pas facilement dans l'acte de lecture, qui résistent au résumé rapide pour les lignes-programmes des magazines et qui réclament du lecteur une vraie coopération pour qu'émerge du sens.

« Est-ce qu'on ne serait pas en train de signifier quelque chose ? » dit Hamm à Clov dans *Fin de Partie* de Beckett. On peut entendre cette réplique entre la jubilation et l'effroi de ceux qui s'exposent sous le regard d'autrui et qui risquent littéralement d'être surpris à passer pour ce qu'ils ne sont pas ou qu'ils ne souhaitent pas être. En d'autres termes, ils risquent comme à leur insu d'être « interprétés » dans le simulacre de vie qu'ils mènent et de voir attribuer à leurs actes les plus anodins des indices de signification, des « idées ». Cette pirouette humoristique de Beckett rappelle sa méfiance pour les symboles, et encore plus pour les exégètes de tout poil devant la représentation. Nous sommes ce que nous sommes et nous faisons ce que nous sommes en train de faire, dit le clin d'œil des acteurs s'étonnant faussement d'être pris pour ce qu'ils sont, c'est-à-dire des acteurs en train de jouer des personnages. Ces mêmes personnages s'inquiètent ou se réjouissent de voir attribuer du sens à la « représentation de la vie » qu'ils sont occupés à revivre machinalement sous le regard de spectateurs. Ce système en trompe-l'œil dénie à la représentation le droit d'être autre chose que ce qu'elle est, un simulacre, au moment même où elle se donne comme telle et où on risquerait de la prendre pour « vraie » en lui donnant trop de sens.

Donner trop de sens ou pas assez, voilà d'emblée le problème du lecteur confronté aux textes d'aujourd'hui. Le théâtre, ça n'est pas des idées, mais est-ce que ça peut encore être de la pensée en train de naître ? « Ses obscures clartés, ses incompréhensibles lumières », dit Valère Novarina en parlant de Rabelais, est une formule que nous aimerions reprendre en commentant les textes. Nous réclamerions pour le théâtre ce que Christian Prigent salue dans les textes de Francis Ponge, une « obscurité homéopathique », celle qui fait comprendre que :

> « l'enjeu n'est pas de figurer le monde mais de répondre à sa présence réelle par une égale présence verbale, une densité équivalente ; à la fois polysémique et in-signifiante. »
>
> *Ceux qui merdrent*

C'est presque un programme de lecture, une quête pour un parcours. Nous en sommes au moment où les avant-gardes sont mortes et où on les redécouvre. À un moment où il ne fait pas bon, pour un auteur, faire preuve de trop d'invention formelle sous peine d'être rejeté comme « illisible » et suspecté d'un retour de terrorisme intellectuel. Où il vaut mieux qu'un texte ne perturbe pas trop la langue académique et manifeste de la bonne volonté pour communiquer. Où, peut-être, la pensée est suspecte sinon « dépassée » si elle ne se présente pas de manière propre et anodine.

Nous voilà d'emblée soumis au paradoxe théâtral, écartelés entre le désir de comprendre et d'expliquer les textes, et amoureux de ceux qui résistent, qui ne se donnent pas d'emblée comme faciles en livrant clefs en mains un univers lisse ou insignifiant. Le texte de théâtre ne mime pas la réalité, il en propose une construction, une réplique verbale prête à se déployer sur scène. Parmi les textes auxquels nous avons à faire, certains semblent obscurs et ne s'ouvrent pas à la lecture. Mauvais textes, textes ratés ou mauvais lecteurs, lecteurs insuffisants devant des formes pas encore tombées dans le domaine public ?

Le théâtre repose depuis toujours sur les jeux de ce qui est caché et de ce qui est montré, sur le risque de l'obscurité qui tout à coup fait sens. La représentation, dérisoire dans son projet même, s'essouffle à faire paraître le monde sur scène avec les moyens rudimentaires de l'artisanat forain et par le langage. C'est vrai depuis les Mystères du Moyen Âge dont les représentations du Christ ou des diables de l'Enfer ravissaient, nous dit-on, les spectateurs. C'est toujours vrai, et ça ne l'est plus tout à fait aujourd'hui, puisqu'il existe bien d'autres moyens de représentation que le théâtre, bien plus « vraies », notamment les images filmées, et bien plus « fausses », ce sont juste des images, et pas toujours des images justes, dirait Jean-Luc Godard.

De là, sans doute, un premier malentendu entre ceux qui écrivent le théâtre d'aujourd'hui et qui le font représenter, et ceux qui y assistent. Il existe un grand décalage entre le théâtre tel qu'il se pratique et le théâtre tel qu'il est perçu ou, en tout cas, selon l'idée qu'on s'en fait. Dans les salons, et parfois dans les universités, nous entendons toujours parler de rideaux rouges, des fastes du théâtre à l'italienne, illusion, magie de l'acteur-vedette et trouble du personnage, c'est-à-dire, en allant vite, une conception qui remonte au XIXᵉ siècle. Et ça n'est pas faux, le théâtre vit encore de cela, de sa part de spectacle. Quand il est question d'écriture théâtrale, nous nous entendons répondre : intrigue, dénouement, pièce bien faite et coups de théâtre, peut-être même trois unités, en gros le savoir transmis par la scolarité traditionnelle. Et ça n'est pas faux non plus, puisqu'aucune écriture, même quand elle se dresse contre ce théâtre-là, ne peut ignorer d'où elle vient. Des formes s'essaient à représenter le monde avec des règles qui ne dérivent pas toutes d'Aristote. Pourtant, et c'est bien là un autre paradoxe, il ne peut pas y avoir de rupture radicale avec les anciennes formes, ou plutôt, en dépit de ces ruptures, la matrice première demeure un échange entre des êtres humains devant d'autres êtres humains, sous leur regard qui crée un espace et fonde la théâtralité.

Il existe donc, chez des auteurs d'aujourd'hui, une envie de rompre avec une certaine rigidité de la représentation traditionnelle. Cette mise en crise, quand elle commence par l'écriture, opère un dérèglement dans les conventions de la représentation. Elle fait le vide en s'attaquant au savoir-faire dramatique et inévitablement à la fable.

II. Des malentendus entre l'auteur et le lecteur

Un cliché bien connu présente les producteurs hollywoodiens face aux scénaristes qui les assiègent, comme ceux qui veulent savoir, le plus vite et le plus directement possible, quelle est l'histoire qu'ils ont à raconter au public. « What is the story ? » demeurerait la question essentielle, tout le reste étant question de savoir-faire et de « littérature ».

Les directeurs de théâtre ne posent pas forcément cette question aux nouveaux auteurs, mais elle demeure implicite dans les rapports entre l'objet scénique et le public qui exige bien entendu de « comprendre ». Or, comprendre demeure toujours, dans l'imaginaire collectif, comprendre l'histoire et résumer le récit, ce qu'Aristote et la dramaturgie classique appellent la fable, comme si le sens prenait appui essentiellement sur l'histoire racontée.

C'est là une première cause de malentendu dans la mesure où une partie des auteurs contemporains envisage le rapport à la fable d'une manière différente. Ils se posent moins comme des « raconteurs d'histoires », et davantage comme des écrivains faisant appel à toute l'épaisseur de l'écriture.

On pourrait imaginer qu'ils sont légitimés ou qu'ils se sentent tels, par l'évolution des recherches critiques sur la lecture, sur la façon dont un nouvel éclairage a été donné par les structuralistes puis par les sémiologues sur l'activité du lecteur dans le rapport au texte et l'élaboration du sens, depuis Roland Barthes jusqu'à Umberto Eco. Mais la résistance est forte et si d'un point de vue théorique, l'acte de lecture semble établir avec certitude le *travail* du lecteur qui établit *son* texte en activant des réseaux de sens qui lui permettent d'entrer en relation avec l'auteur, dans la pratique scolaire ou universitaire, voire dans les milieux artistiques, on continue parfois à demander avant toute autre forme d'étude « qu'est-ce que ça raconte ? ».

On ne peut évidemment pas ignorer cette question dans le travail de dramaturgie. Mais il s'agit là d'un premier malentendu autour des écrivains dont on dit qu'ils ont « affaibli la fable » voire qu'ils renonceraient à toute fable cohérente dans leurs œuvres.

Le malentendu s'aggrave dès lors qu'on s'intéresse au système d'informations utilisé par l'écrivain. Le modèle classique repose sur l'évidente clarté des informations fabulaires, qui doivent être complètes, cohérentes et massives dès le début du texte. La sous-information dans l'écriture a du mal à être acceptée comme un jeu avec le lecteur, comme la mise en place d'un puzzle informatif dont les pièces n'arriveront qu'au compte-gouttes, et, bien pire, comme un puzzle dont il manquera *forcément* des éléments puisqu'il serait acquis que ceux-ci existent dans l'encyclopédie individuelle du lecteur et que son jeu à lui est de travailler sur ces absences et sur l'évidement de l'écriture pour y introduire son propre imaginaire.

Les deux modèles perdurent ; celui, toujours classique, d'une écriture informative et finalement fermée, du moins autant que l'autorise l'appel d'air qu'impose la scène à venir ; celui, largement troué, d'une écriture qui ne s'essouffle pas à fournir du récit mais qui, si elle est réussie, impose ses « manques » comme autant d'aimants à attirer du sens, à exciter l'imaginaire pour construire la scène à venir.

On n'échappe pas, dans l'approche des écritures contemporaines, faute de certitudes et de modèles, à la suspicion de l'absence de savoir-faire. Une écriture très ouverte et sans tissage narratif bien tramé ne cacherait-elle pas l'impuissance de l'auteur à construire une histoire ? On ne peut davantage lever ce soupçon que celui qui vise le peintre abstrait quand on se demande s'il sait « bien » dessiner. Le travail de la lecture consiste, avec le moins d'a priori possible, à entrer dans le jeu du texte et à mesurer sa résistance.

III. Cinq commencements

Nous proposons donc un voyage en forme de libre parcours à travers cinq textes contemporains dont nous lirons à chaque fois les toutes premières répliques ou les premières lignes sans trop formaliser les propositions. Il s'agit d'une sorte de galop d'essai où nous nous frotterons à des écritures différentes sans qu'elles soient étiquetées et sans que nous mettions en place une méthode explicite de lecture. Les entrées systématiques dans le texte seront proposées au troisième chapitre. Il s'agit plutôt ici d'ouvrir chacun des cinq volumes : *Les Chaises* d'Eugène Ionesco, *L'Atelier* de Jean-Claude Grumberg, *La Bonne vie* de Michel Deutsch, *Dissident, il va sans dire,* de Michel Vinaver, *Dans la solitude des champs de coton* de Bernard-Marie Koltès. Nous nous livrerons à un acte de lecture bref et synthétique en nous limitant strictement au fragment cité. Les textes ont été choisis parce qu'ils proposent des écritures différentes les unes des autres et parce que leurs auteurs, même quand ils ne sont pas très connus du « grand public », ont tous été joués à plusieurs reprises dans des théâtres nationaux ou d'importance nationale. Nous étudierons en priorité le système d'informations et la façon dont le dialogue s'instaure entre l'auteur et le lecteur en fonction de leur « encyclopédie » respective, en gardant en mémoire *Lector in fabula* de Umberto Eco. Nous n'épuiserons évidemment pas le travail sur le sens et nous nous bornerons à quelques remarques préliminaires.

Un tel voyage à travers les commencements de ces pièces récentes montre bien qu'il n'existe pas de solution unique dans *les* écritures contemporaines. Les récits se mettent en place à différents niveaux d'information et avec des jeux de détours très contrastés sans que l'on puisse automatiquement classer ces différentes écritures en fonction d'une esthétique. En saisissant comment la relation s'établit entre l'auteur et le lecteur, on comprend mieux comment tout le système narratif se construit.

1. *Les Chaises*
Eugène Ionesco (créé en 1952 ; Gallimard, 1954)

« *Le rideau se lève. Demi-obscurité. Le Vieux est penché à la fenêtre de gauche, monté sur l'escabeau. La Vieille allume la lampe à gaz. Lumière verte. Elle va tirer le Vieux par la manche.*

LA VIEILLE. – Allons, mon chou, ferme la fenêtre, ça sent mauvais l'eau qui croupit et puis il entre des moustiques.
LE VIEUX. – Laisse-moi tranquille !
LA VIEILLE. – Allons, allons, mon chou, viens t'asseoir. Ne te penche pas, tu pourrais tomber dans l'eau. Tu sais ce qui est arrivé à François Iᵉʳ. Faut faire attention.
LE VIEUX. – Encore des exemples historiques ! Ma crotte, je suis fatigué de l'histoire française. Je veux voir ; les barques sur l'eau font des taches au soleil.
LA VIEILLE. – Tu ne peux pas les voir, il n'y a pas de soleil, c'est la nuit, mon chou.
LE VIEUX. – Il en reste l'ombre.

Il se penche très fort.

LA VIEILLE (*elle le tire de toutes ses forces*). – Ah !... tu me fais peur, mon chou... viens t'asseoir, tu ne les verras pas venir. C'est pas la peine. Il fait nuit...

Le vieux se laisse traîner à regret.

LE VIEUX. – Je voulais voir, j'aime tellement voir l'eau.
LA VIEILLE. – Comment peux-tu, mon chou ? Ça me donne le vertige. Ah ! cette maison, cette île, je ne peux m'y habituer. Tout entourée d'eau... de l'eau sous les fenêtres, jusqu'à l'horizon...

La Vieille et le Vieux, la Vieille traînant le Vieux, se dirigent vers les deux chaises au-devant de la scène ; le vieux s'assoit tout naturellement sur les genoux de la vieille.

LE VIEUX. – Il est 6 heures de l'après-midi... il fait déjà nuit. Tu te rappelles, jadis, ce n'était pas ainsi ; il faisait encore jour à 9 heures du soir, à 10 heures, à minuit.
LA VIEILLE. – C'est pourtant vrai, quelle mémoire !
LE VIEUX. – Ça a bien changé. [...] »

Ces douze premières répliques fournissent un grand nombre d'informations au lecteur, mais celles-ci sont d'emblée sujettes à caution ou s'avèrent peu utiles. L'espace est donné, un huis clos entouré d'eau ; c'est banal pour une île, moins pour une maison. Le temps, très précis puisque le vieux annonce qu'il est six heures, est tout de suite relativisé, directement par l'appel au souvenir, indirectement par une allusion aux saisons ; c'est l'hiver et cette mise en doute des informations est peu courante au théâtre. La référence historique à François Ier n'est évidemment pas digne de foi, bien qu'il s'agisse apparemment d'une habitude de la vieille d'étayer ainsi ses affirmations de souvenirs « culturels » et pour le vieux de s'en plaindre. L'action est également banale, puisqu'il s'agit pour l'un de regarder par la fenêtre, pour l'autre de l'en empêcher.

Les relations entre ces personnages très âgés (Ionesco indique en ouverture qu'ils ont respectivement 95 et 94 ans) sont brouillées par leur comportement. La vieille traite le vieux comme s'il s'agissait d'un enfant imprudent et celui-ci s'installe sur ses genoux. Ils s'interpellent d'ailleurs en utilisant des mots qui font référence à l'enfance (« mon chou, ma crotte »), surprenants dans le contexte.

Cette situation, somme toute burlesque, qui saisit un vieux couple dans son intimité dérisoire, est contrariée par la thématique de la fin qui s'impose d'emblée de manière récurrente. C'est l'hiver, la fin du jour sur l'eau croupie et du soleil il ne reste que l'ombre. La mort est présente dans l'action (le risque de tomber dans l'eau) mais aussi par les allusions aux odeurs et à la lumière verte.

Ces vieux enfants isolés dans un paysage sans fin et sans lumière ont perdu leurs repères temporels ou bien ils les enjolivent par la mémoire. L'enfermement est rénoncé ou énoncé comme tel et l'horizon à peine posé est déjà fermé.

Si le lecteur se risque à une lecture naturaliste, celle-ci est d'emblée contrecarrée par les informations vacillantes et par l'absence d'unité du texte. S'il s'agit d'un vieux couple qui attend la mort, le dialogue ne l'énonce que de manière indirecte, sans pathos et plutôt de manière burlesque. Le vertige devant l'absence de repères est une des clefs du fragment, puisque le texte commence sur le mode de la fermeture et du regret, et que la pièce s'ouvre sur le vide et l'absence de projets.

Si le lecteur a déjà fréquenté le théâtre étiqueté « absurde » ou « métaphysique », il retrouve d'emblée une thématique familière. Dans le cas contraire, il est confronté à un système d'informations contradictoires qui se fonde sur la parodie de la dramaturgie traditionnelle.

2. *L'Atelier*
Jean-Claude Grumberg
(créé en 1979 ; Actes Sud Papiers, 1985)

« Scène 1, L'Essai (fragment)

Un matin très tôt de l'année 1945. Simone assise en bout de table, dos au public, travaille. Debout près d'une autre table, Hélène, la patronne, travaille également. De temps en temps elle jette un œil sur Simone.

HÉLÈNE. – Ma sœur aussi ils l'ont prise en 43...

SIMONE. – Elle est revenue ?

HÉLÈNE. – Non... elle avait vingt-deux ans *(Silence.)* Vous étiez à votre compte ?

SIMONE. – Oui, juste mon mari et moi, en saison on prenait une ouvrière... J'ai dû vendre la machine le mois dernier, il pourra même pas se remettre à travailler... J'aurais pas dû la vendre mais...

HÉLÈNE. – Une machine ça se trouve...

SIMONE *(approuve de la tête)*. – J'aurais pas dû la vendre... On m'a proposé du charbon et...

Silence.

HÉLÈNE. – Vous avez des enfants ?

SIMONE. – Oui deux garçons...

HÉLÈNE. – Quel âge ?

SIMONE. – Dix et six.

HÉLÈNE. – C'est bien comme écart... Enfin c'est ce qu'on dit... J'ai pas d'enfants.

SIMONE. – Ils se débrouillent bien, l'aîné s'occupe du petit. Ils étaient à la campagne en zone libre, quand ils sont revenus le grand a dû expliquer au petit qui j'étais, le petit se cachait derrière le grand il voulait pas me voir, il m'appelait madame... »

Dans les indications scéniques et ces douze premières répliques, Grumberg fournit immédiatement quantité d'informations utiles à la construction de la fable. Il s'agit de données historiques et « objectives » (1945, la zone libre, le manque de charbon, les rafles), de données concernant les deux personnages (maris, enfants, métier), d'éléments plus psychologiques (les silences, l'établissement des relations entre les deux femmes). La scène est titrée et on peut estimer que c'est Simone, celle qui est interrogée, qui est « à l'essai ». Il est notable que les deux femmes parlent en travaillant, et donc que le problème de l'activité en scène des personnages est réglé, ainsi que la justification de l'apparition de la parole, le dialogue prenant la forme d'une sorte de conversation commencée entre deux femmes qui échangent « naturellement » des informations sur elles-mêmes, informations bien entendu destinées indirectement au lecteur qui est en mesure, même dans un espace dialogué aussi bref, de dresser un état satisfaisant de la fable initiale. Il sait où et quand ça se passe, il commence à disposer d'éléments biographiques énoncés ou suggérés (existence d'une sœur pour l'une, d'un mari pour l'autre).

L'ancrage est immédiat et d'autant plus fort que le lecteur a une bonne chance de disposer dans son « encyclopédie » personnelle de beaucoup d'éléments qui lui permettent de compléter le réseau d'informations, grâce aux histoires de l'occupation transmises par la mémoire collective. Grumberg le sait puisqu'il n'appuie pas inutilement, ne nomme pas l'ennemi autrement que par un « ils », qu'il laisse entendre plus qu'il n'énonce le rationnement et tout un mode de vie devenu « ordinaire » dans une situation extraordinaire (les enfants en zone libre). Il ne construit pas encore de « drame » mais il laisse deviner qu'il dispose déjà d'éléments pathétiques assez forts, pas encore pris en charge par les personnages de manière émotionnelle, pour que celui-ci puisse se développer (les êtres chers arrachés à leur famille, l'enfant qui ne reconnaît plus sa mère). Tout est donné, et bien donné, en peu de mots, bien que subsistent assez de vides pour que le lecteur fasse sa part de travail et donc que son intérêt soit convoqué. Ces vides, pourrait-on dire, ne sont pas du tout laissés au hasard. Ils sont ici parfaitement désignés et comme encerclés d'informations pour que chacun les repère sans inutiles incertitudes. Au fond, le lecteur a la satisfaction d'être en face d'un texte moderne dont les clefs lui sont pourtant familières.

3. *La bonne vie*
Michel Deutsch (Théâtre Ouvert ; Stock, 1975 ;
10/18, 1987)

« Scène 1, Le Bonheur

Un chemin forestier décline.
L'autoroute au fond, va.
Une R8 et une vieille Peugeot.
Deux couples et un enfant.
Déjeuner sur l'herbe... on peut dire pique-nique.
S'agit-il du truquage un peu mou d'une photographie ?
Peut-être du cinéma sur fond de toile peinte... Surtout des mots :
glacés... lointains... géologiques.

RAYMOND. – C'est une belle journée.
JULES. – Je veux bien le croire.
MARIE. – Mais on n'entend plus les oiseaux.
RAYMOND. – Exact. C'est ça la vie moderne. On ne peut pas tout
    avoir. Moi je dis souvent : le progrès ça a ses bons et ses mau-
    vais côtés. Seulement il faut vivre avec son époque. C'est les
    oiseaux ou l'autoroute.
FRANÇOISE. – Moi...
RAYMOND. – Oui ?
FRANÇOISE. – Moi j'en ai entendu un tout à l'heure !
RAYMOND. – Tu en as entendu un ?
FRANÇOISE. – J'en ai entendu un.
Je peux même dire que c'était un merle.
JULES. – Je ne le pense pas. En tous les cas je peux affirmer moi
    que ce n'était pas un merle. Ça je peux l'affirmer.

Pause.

C'était un archéoptéryx.
MARIE. – Donc tu en as entendu un aussi.
RAYMOND. – Un archéoptéryx ?...
Femme, la bière.
JULES. – C'est comme je le dis.
J'ai lu que cette sorte de volaille dentée avait élu domicile depuis
quelques années dans les buissons qui poussent près des échan-
geurs d'autoroutes. Tu aurais pu le lire aussi.
MARIE. – Tout le monde ne lit pas la même chose.
JULES. – Justement.
MARIE. – Il y en a qui lisent le même journal sans lire la même
    chose. »

Cette fois le lecteur ne dispose pas d'informations directes sur l'époque. Le titre de la scène est trop général pour fournir une indication, on peut même supposer qu'il n'est pas exempt d'ironie. D'emblée, les didascalies surprennent par leur caractère non prescriptif, à rebours de la tradition. Deutsch s'interroge et nous renvoie la question, lâche un « peut-être ». Le « déclin » du chemin forestier s'entend déjà dans les deux sens et s'oppose à l'autoroute qui « va ». Deux façons de marquer la dynamique d'espaces qui s'opposent. Le pique-nique corrige avec humour ce que le « déjeuner sur l'herbe » propose de culturel, et connote une autre culture. Tout tourne autour de l'imagerie, du tableau à la photo. Le cinéma sur fond de toile peinte peut s'entendre comme une indication de jeu pour le théâtre mais aussi comme un choix esthétique. « Surtout des mots » contredit tout ce qui était jusque-là visuel, et le surprenant « géologique » annonce sans doute l'archéoptéryx à venir dans le dialogue.

Ces indications scéniques questionnent plus qu'elles ne renseignent (la seule information objective concerne les personnages et les voitures), sont polysémiques et par là « poétiques ». L'humour crée un effet de surprise et propose d'emblée un lien particulier, « actif », avec le lecteur qui se trouve comme invité à partager un travail de déchiffrage de ce qui est en train de s'écrire.

Le dialogue fournit très peu d'informations. Il charrie délibérément une série de lieux communs conversationnels (de la « belle journée » à l'évolution de la « vie moderne ») et crée une sorte de chromo du pique-nique de grande banlieue, bière comprise. L'histoire n'est pas encore « prise » (comme on dit d'un ciment qu'il prend) bien que s'esquissent des rapports de force dans la conversation entre ceux qui savent ou prétendent savoir et ceux qui accèdent à la parole. Le « moi » prononcé par Françoise suivi du « oui » de Raymond retient l'attention. Cet échange vide de contenu indique que la parole n'est pas tout à fait « libre » et qu'un contrôle, côté masculin, s'opère dans sa distribution. (Dans la liste des personnages, Françoise est annoncée comme la femme de Raymond.)

C'est évidemment l'archéoptéryx (qui s'oppose au merle, plus attendu dans le décor), qui retient l'attention, comme une surprise lexicale dans le contexte plutôt banal des échanges. Ce savoir particulier est justifié par la lecture du journal, avec une sorte d'ironie en forme d'annonce de Deutsch (il faut pour cela *lire* et surtout *savoir lire*, c'est-à-dire choisir ce qu'on lit et ce qu'on y met).

On ne sait pas encore ce que vient faire cet oiseau familier des buissons des échangeurs d'autoroute, sinon qu'il pousse à l'échange (Jules vient au secours de Françoise et Marie).

Le lecteur ne peut construire qu'avec prudence (il est invité à bien lire) dans le dialogue sinueux et accidenté. Deux voitures, deux couples, deux chemins aussi opposés que les deux oiseaux. Des bornes, sous la forme de répliques aussi opposées que les deux oiseaux. Des bornes, sous la forme de répliques que l'on connaît déjà ou qui poussent à un effet de reconnaissance (la situation serait un pique-nique en campagne). Une surprise, cet oiseau préhistorique autour duquel s'esquisse un mini-conflit de savoir, peut-être une sorte de menace vague. Tout était lisse, tout ne l'est plus déjà tout à fait (cherchez l'erreur dans le dialogue, dans le lexique) et au cœur de la banalité surgissent des mots qui invitent à la dérive.

On pourrait construire davantage mais on s'installerait alors dans un jeu d'hypothèses que la scène est invitée à éclairer, sinon à résoudre. Il est cependant évident que pour lire *La bonne vie* il ne faudra pas se contenter des apparences mais être attentif aux craquelures du chromo, aux décalages qui s'instaurent dans cette photo arrêtée, cet instantané saisi entre deux espace (l'ancien et le nouveau), deux oiseaux (le familier et l'insolite), et deux temps (le passé et l'avenir). L'incertitude, et peut-être le malaise, gisent au centre de ce carrefour d'échanges entre des modes de vie. Sans un recours à une analyse minutieuse, le lecteur n'échappera pas au sentiment de banalité et de déjà lu.

4. *Dissident, il va sans dire*
Michel Vinaver (*L'Arche*, 1978)

« UN

HÉLÈNE. – Elles sont dans la poche de mon manteau.
PHILIPPE. – Non ni sur le meuble.
HÉLÈNE. – Tu es gentil.
PHILIPPE. – Parce que tu l'as laissée en double file ?
HÉLÈNE. – Alors je les ai peut-être oubliées sur la voiture.
PHILIPPE. – Un jour on va te la voler.
HÉLÈNE. – Tu ne t'es pas présenté ?
PHILIPPE. – Mais si.

> HÉLÈNE. – Je n'ai pas eu le courage j'ai tourné je ne sais combien de fois autour du bloc d'immeubles ça devient de plus en plus difficile.
> PHILIPPE. – Je vais aller te la garer.
> HÉLÈNE. – Encore un an et tu pourras passer ton permis.
> PHILIPPE. – Oui.
> HÉLÈNE. – C'est un nouveau chandail ?
> PHILIPPE. – Oui.
> HÉLÈNE. – Je me demande d'où vient l'argent. »

Pas de didascalies dans ce fragment, annoncé seulement par un chiffre, mais la liste des personnages précise que Philippe est le fils d'Hélène. Ce dialogue laconique et sans ponctuation prend la forme d'une conversation commencée qui traite simultanément de plusieurs sujets.

Apparemment nous sommes dans l'anodin, le banal. La voiture et ses clefs, trouver ou ne pas trouver de place de stationnement (ça se passerait à Paris ou dans une grande ville !), le permis, le travail (se présenter), le chandail, l'argent. Préoccupations ordinaires de personnages ordinaires, avec des informations distillées indirectement et habilement (Philippe a 17 ans, il cherche du travail, il habite sans doute avec sa mère, elle possède une voiture, peut-être rentre-t-elle même du travail, elle s'inquiète de son fils, de ce qu'il fait, de ce qu'il porte, de l'argent qu'il a ou qu'il n'a pas, en tout cas c'est elle qui pose les questions). Mais ça va vite et le dialogue ne développe rien et semble tout placer au même niveau d'intérêt, ce qui serait important « dramatiquement » (l'histoire d'un jeune chômeur ?) et ce qui le serait moins (Hélène a égaré ses clefs de voiture).

Comme dans une « vraie » conversation les personnages ne nomment pas ce qui est évident pour eux (les clefs qui resteront « elles », « le meuble » et la voiture, imprécis parce que familiers). C'est une première cause des « vides » de ce dialogue, puisque n'est nommé que ce qui importe aux personnages ; au lecteur de faire le reste, l'information ne lui est pas fournie avec insistance. À travers le désordre apparent de la conversation s'instaure cependant un autre niveau de sens, si l'on met les répliques (et les sujets) en relation entre elles (entre eux). Hélène cherche une place (pour sa voiture), ou plutôt elle n'en a pas trouvé. Hélène s'attend à ce que son fils trouve une place (s'est-il présenté ?) et s'il ne fournit pas la réponse, il est prêt à en chercher une (pour la voiture) même « si ça devient de plus en plus difficile ». Hélène a « tourné » et « n'a pas eu le courage » de s'installer autrement qu'en « double-file ». Qu'en est-il du courage de Philippe dont le laconique « mais si » et les nombreux « oui » dressent un mur devant sa situation réelle (serait-il, lui aussi, en « double-file » ?). C'est Philippe qui s'inquiète du vol éventuel de la voiture, mais c'est Hélène qui se demande d'où vient l'argent du nouveau chandail (emprunté, volé ?). Hélène a un permis, Philippe pas encore (de quelle permission a-t-il besoin ?). Hélène égare les clefs, Philippe les localise et il est prêt, lui, à trouver une place pour sa mère.

Ainsi s'instaure du sens si le lecteur cherche à combler une partie des vides ou plutôt à trouver des liens entre les îlots de paroles que sont les répliques. Si rien n'est plus important que le reste, s'ils donnent parfois l'impression de parler pour ne rien dire, c'est que tout est important et que dans ce dialogue, ne rien dire c'est quand même dire, dès lors que la mise en relation de répliques provoque des courts-circuits qui attirent l'attention.

Les échanges sont comme abandonnés à peine entamés (« Tu ne t'es pas présenté ? Mais si »). Là où le lecteur en attend davantage, la conversation bifurque et c'est la mère qui parle à la place du fils, de son problème de place, à elle (et d'ailleurs, c'est peut-être justement le sien). Une formidable importance est donc donnée au lecteur, puisque personne d'autre que lui ne peut repérer les liens souterrains et les enjeux secrets des échanges de paroles, qui, à la surface, demeurent obstinément lisses. Vinaver ne traite du « retour de la mère au logis près de son jeune fils au chômage », si c'est bien de cela dont il est question, que sur le mode de l'indirect, en ôtant à son théâtre tout risque de pathétique, ou pire, de pesanteur dramatique. Il reste au lecteur à trouver son chemin entre cette surface banale et le jeu des profondeurs, en sachant que l'interprétation ne doit en rien créer une pesanteur qui n'appartiendrait plus au registre de cette écriture.

5. *Dans la solitude des champs de coton*
Bernard-Marie Koltès (Éditions de Minuit, 1986)

« LE DEALER »

Si vous marchez dehors, à cette heure et en ce lieu, c'est que vous désirez quelque chose que vous n'avez pas, et cette chose, moi, je peux vous la fournir ; car si je suis à cette place depuis plus long-temps que vous et pour plus longtemps que vous, et que même cette heure qui est celle des rapports sauvages entre les hommes et les animaux ne m'en chasse pas, c'est que j'ai ce qu'il faut pour satisfaire le désir qui passe devant moi, et c'est comme un poids dont il faut que je me débarrasse sur quiconque, homme ou animal, qui passe devant moi.

C'est pourquoi je m'approche de vous, malgré l'heure qui est celle où d'ordinaire l'homme et l'animal se jettent sauvagement l'un sur l'autre, je m'approche, moi, de vous, les mains ouvertes et les paumes tournées vers vous, avec l'humilité de celui qui possède face à celui qui désire ; et je vois votre désir comme on voit une lumière qui s'allume, à une fenêtre tout en haut d'un immeuble, dans le crépuscule ; je m'approche de vous comme le crépuscule approche cette première lumière, doucement, respec-tueusement, presque affectueusement, laissant tout en bas dans la rue l'animal et l'homme tirer sur leurs laisses et se montrer sau-vagement les dents. [...]

Le client

Je ne marche pas en un certain endroit et à une certaine heure ; je marche tout court, allant d'un point à un autre, pour affaires pri-vées qui se traitent en ces points et non pas en parcours ; je ne connais aucun crépuscule ni aucune sorte de désirs et je veux ignorer les accidents de mon parcours. J'allais de cette fenêtre éclairée, derrière moi, là-haut, à cette autre fenêtre éclairée, là-bas devant moi, selon une ligne bien droite qui passe à travers vous parce que vous vous y êtes délibérément placé. Or il n'existe aucun moyen qui permette, à qui se rend d'une hauteur à une autre hauteur, d'éviter de descendre pour devoir remonter ensuite, avec l'absurdité de deux mouvements qui s'annulent et le risque, entre les deux, d'écraser à chaque pas les déchets jetés par les fenêtres ; plus on habite haut, plus l'espace est sain, mais plus la chute est dure ; et lorsque l'ascenseur vous a déposé en bas, il vous condamne à marcher au milieu de tout ce dont on n'a pas voulu là-haut, au milieu d'un tas de souvenirs pourrissants, comme, au restaurant, lorsqu'un garçon vous fait la note et énu-mère à vos oreilles écœurées, tous les plats que vous digérez depuis longtemps. [...] »

Le début de ce texte est très incomplètement cité puisque les premières « répliques » alternées du dealer et du client comprennent chacune plusieurs pages. Nous avons donc dû rom-pre avec notre méthode d'échantillonnage et couper de manière insatisfaisante pour présenter quand même des extraits du texte de chacun afin que l'œuvre n'apparaisse pas dans la citation comme un monologue.

Le texte n'est précédé d'aucune indication autre qu'une longue définition du « deal », « transaction commerciale portant sur des valeurs prohibées ou strictement contrôlées, et qui se conclut, dans des espaces neutres, indéfinis, et non prévus à cet usage, entre pourvoyeurs et quémandeurs [...]. ».

Ces longues répliques rompent avec l'usage contemporain du dialogue nerveux ou des longs monologues, il exige une écoute particulière entre les partenaires. Le lecteur y trouve difficilement sa place, et sa dose d'informations, alors que paradoxalement le texte procède à une description extraordinairement minutieuse des faits et gestes de chacun, de leurs projets respectifs et de leurs intentions apparentes ou masquées. Non seulement la parole n'y est guère évidée, mais elle tend vers une sorte de saturation, vers une litanie verbale ritualisée où les stratégies ne s'exposent pas dans l'échange relationnel mais dans le déploiement lent et précis des mots.

L'erreur serait de sauter à la conclusion, de se rabattre sur la transaction commerciale dont il est question et de la nommer pour que du sens apparaisse. Or, réduire l'échange à un trafic de drogue ou à la prostitution affaiblit évidemment le texte en le réduisant à une anecdote, même s'il n'est pas exclu qu'une partie des rituels de ces commerces là soit présente dans l'écriture.

Peut-être faut-il chercher d'abord du côté de l'espace et du mouvement. Le dealer est initialement « en place », installé, comme immobile, en attente comme l'indique tout le réseau lexical. Ensuite seulement il décrit son approche vers le client qui est présenté comme étant en mouvement. Une partie de la réplique du client sert à justifier son déplacement, sa marche au sol depuis qu'un ascenseur l'a posé en bas. La verticalité est d'ailleurs récurrente dans leurs propos. Autour d'eux, des immeubles abstraits, des fenêtres éclairées comme autant de repères, la mention du sol et de la chute possible. Ils se livrent donc l'un et l'autre à un jeu de mouvements, à des stratégies spatiales complexes dont l'objectif est pour l'un, d'aller vers le client, et pour l'autre, de dénier toute intention d'achat dans sa présence, somme toute ordinaire. Les allusions à la chasse et aux animaux sauvages, au crépuscule, renvoient aussi à la notion de territoire.

Un autre réseau lexical renvoie à la religion et au sacré. Les fenêtres éclairées sont les points vers lesquels le client tend, mais son désir est lumière, dit le dealer qui s'avance avec « humilité », « les mains ouvertes et les paumes tournées vers vous ». Ces avancées ont quelque chose de rituel et de sacré, en dépit ou à cause du rappel du désir et des intentions commerciales non déguisées. Le dealer connaît le désir du client, mais il ne nomme pas l'objet du désir, tant il est évident et sans doute parce que ça n'est pas ce qui intéresse Koltès.

Dans ce lieu « bas » jonché des déchets qui tombent du haut, ce qui est donné à voir est une sorte de danse rituelle, une rencontre de trajectoires abstraites, inévitables et par là quasi tragiques. Ils finiront par se rencontrer, car c'est l'objet de cette danse, laisse entrendre le dealer. Il ne pouvait, en effet, que passer par là, reconnaît le client, qui n'évite pas le dealer puisqu'il était sur le parcours prévu par sa trajectoire initiale.

Cette « danse du désir » est sans cesse parlée, commentée et déréalisée, dans une langue qui est elle-même jouissance dans son déploiement. Peut-être la pièce parle-t-elle essentiellement de la tension unique qui réunit et oppose en même temps deux être liés par le désir et la possibilité de le satisfaire. La longue approche verbale, quasi maniaque dans sa précision chez les deux person-nages, participe de cette « parade » du désir – ou du commerce, si l'on veut – qui réunit celui qui possède et celui qui demande, la dénégation du désir faisant partie du rituel obligatoire et inquié-tant qui permet d'accéder au plaisir.

IV. Problèmes de lecture

L'approche de ces textes, non théorisée ici, ne rend évidemment pas compte de toutes les écritures d'aujourd'hui. Sa brièveté permet seulement de prendre conscience de leur diversité et de leur complexité. Nous pouvons en tirer quelques hypothèses de travail.

1. L'entrée dans le texte

La lecture du texte s'accomplit sans présupposés dramaturgiques, ou plutôt elle s'effectue avec des outils différents selon les textes. Les textes de théâtre jugés illisibles ou hermétiques sont des textes que nous ne savons pas lire, c'est-à-dire pour lesquels nous ne trouvons aucune clef satisfaisante. Souvent, il s'agit de textes qui n'obéissent pas aux règles de la dramaturgie classique, auxquels le lecteur se réfère de manière plus ou moins consciente. Tout texte est « lisible » si on y passe du temps et si on s'en donne les moyens. Le critère de lisibilité, de toutes façons très discutable même s'il est répandu, ne devrait pas s'accompagner d'un jugement de valeur sur la « qualité » du texte, c'est-à-dire sur notre plaisir de lecteur à entrer en relation avec l'auteur pendant l'acte de lecture.

Plusieurs des textes présentés ici fournissent peu d'informations aidant à construire une histoire, ou, pire, certaines informations acceptées sans recoupements conduisent à des fausses pistes, à des bouts d'histoire qui ne mènent nulle part. Le pique-nique de *La Bonne vie* n'est pas un pique-nique ordinaire, même s'il en prend certaines apparences. *L'Atelier* n'est pas qu'une histoire se passant sous l'occupation ou juste après, bien qu'il y puise un point de départ essentiel.

Ce qu'on peut appeler la « sous-information narrative » est assez souvent le régime des textes qui nous intéressent ici. Il faut donc changer de focale, et au lieu de s'apprêter à capter au grand angle la fresque ou l'épopée, commencer à saisir, au cœur même du texte, tous les indices qui aideront à construire du sens. Nous devons la plupart du temps faire notre deuil des macro-structures qui aident à saisir un texte, parfois trop vite, dans sa totalité, et construire à partir du « presque rien » qui nous est donné. Lire c'est donc aussi, ou surtout, travailler au microscope. Rien de ce qui se joue dans *Les Chaises* comme dans *Dissident, il va sans dire*, n'a une chance de nous parvenir si nous rabattons immédiatement ces textes sur du « déjà connu », sur des conversations courantes. Ce sont sans doute des conversations, mais machinées, agencées, piégées, et tout leur intérêt est dans leur agencement. Dans le cas de *La solitude dans les champs de coton*, nous avons choisi de centrer l'analyse sur l'espace parce qu'il apparaît comme le réseau de sens le plus abondant et le plus pertinent, au moins dans ces premières pages.

2. Le réseau thématique et les pièces sans « sujet »

La mise en question du « qu'est-ce que ça raconte ? » se double d'une réflexion sur « de quoi ça parle ? ». Un classement thématique est moins satisfaisant que jamais s'il conduit à imaginer que les auteurs « écrivent sur », c'est-à-dire qu'ils « traitent un sujet ». La plupart d'entre eux écrivent avant tout, et ce sont les sujets qui naissent de l'écriture et non les sujets préalables qui font l'écriture, même s'il existe comme nous le verrons une politique de commandes ou des écritures plus intentionnelles que d'autres. Peut-on dire que *Dissident* traite du chômage des jeunes ou du rapport entre les mères et leur fils ? Que *La solitude dans les champs de coton* parle du marché de la drogue et *La Bonne vie* de l'état des campagnes autour des autoroutes ? Dans le travail sur le sens, un recensement thématique exhaustif est intéressant s'il ne réduit pas la pièce à une anecdote, à l'illustration d'un sujet, ou, pire, d'un problème de société. Il existe évidemment des pièces conjoncturelles ou didactiques dont il est intéressant de voir comment elles résistent au temps. Quand elles sont importantes, elles ne se limitent pas à leur sujet et elles lui résistent.

3. Le « sens » n'est pas une urgence

Le problème du « sens » d'un texte est la question la plus ardue qu'ont déjà abordée les travaux théoriques dans ce domaine, notamment ceux de Roland Barthes, d'Umberto Eco, d'Anne Ubersfeld. Repérons simplement qu'il s'agit ici, contrairement à un certain usage, de la chose la moins urgente à formuler pour le lecteur, et que c'est en voulant d'emblée mettre du sens qu'on perd pied dans la lecture. En fait, nous ne cessons pas d'en mettre quand nous repérons différents réseaux (narratifs, thématiques, spatiaux, lexicaux...) puis que nous entreprenons de les relier entre eux. Face à des textes complexes, il est important d'échapper à une trop grande hiérarchisation de l'analyse, celle qui privilégie justement les réseaux narratifs ou thématiques au détriment de structures proprement théâtrales (le dialogue et ce qu'il révèle des relations entre les personnages, le système spatio-temporel...).

4. Construire la scène imaginaire

La lecture d'un texte de théâtre revient à construire une scène imaginaire où le texte serait perçu de la manière la plus satisfaisante pour le lecteur. Ceci ne sous-entend pas que le texte de théâtre soit par nature « incomplet », mais qu'il relève d'un régime paradoxal, comme nous l'abordons dans notre *Introduction à l'analyse du théâtre*. Il est complet en tant que texte, mais toute lecture révèle les tensions qui l'acheminent vers une scène à venir. La scène n'explique pas le texte, elle en propose un accomplissement provisoire.

Face à un texte nouveau, le lecteur ne peut pas plus se référer à une conception ancienne de la machine théâtrale qu'il ne peut s'appuyer sur la dramaturgie traditionnelle. Les solutions scéniques trop évidentes ferment le texte avant même qu'on ait pu en saisir l'intérêt. Imaginer *Dissident, il va sans dire* ou *La Solitude dans les champs de coton* dans un décor faussement naturaliste emprunté au théâtre de boulevard n'apporterait rien à la compréhension de ces textes. Il en serait de même d'une conception obstinément « avant-gardiste » de toute écriture nouvelle, qui l'enfermerait dans un autre système de clichés.

La représentation théâtrale contemporaine « représente » moins qu'elle ne le faisait dans le passé et certains metteurs en scène se heurtent avec obstination contre le mur du non-représentable ou du moins représentable quand ils cherchent à faire reculer les limites de ce qui est ordinairement donné à voir. Comment « montrer » (faire sentir, partager) l'absence, ou la mort par exemple et toutes les émotions qui ne participent pas du spectaculaire convenu ? Il existe toujours une confusion entre le « théâtre » et le « spectacle », alors que ces deux notions ne se recoupent pas. La théâtralité au sens ordinaire se traduit trop souvent comme un grossissement du trait, un épaississement des émotions, une simplification de ce qui est donné à voir. Mais la théâtralité (au sens de ce qui se déroule dans un espace donné sous le regard de l'Autre) existe aussi avec discrétion, pudeur, retenue. Le manque à voir ne traduit pas automatiquement un manque à percevoir, à sentir ou à comprendre.

En revanche, la scène contemporaine parie sur le fait que « tout est représentable », c'est-à-dire qu'aucun texte n'est *a priori* exclu du champ du théâtre pour cause de manque de théâtralité. *Les Chaises* ou *La Solitude dans les champs de coton* ne sont pas *a priori* des textes spectaculaires, mais ce serait une erreur que de les classer en textes radiophoniques ou en « textes à dire », comme si la scène n'avait rien à en faire, alors que leur représentation, s'il en était besoin, a prouvé le contraire.

Qu'en serait-il de la scène à venir pour *La Solitude dans les champs de coton* ? Un carrefour jonché d'ordures entre des barres de HLM ? La réplique des dessous du métro aérien de Barbès-Rochechouart ? Une allée du bois de Boulogne ? Des trajectoires entre ombre et lumière sur un plateau nu ? À quoi ressembleraient les pique-niqueurs de *La Belle vie* ? Aux « beaufs » de Cabu ? À des ouvriers de Billancourt habillés par les Trois Suisses ? À des cousins de personnages échappés de chez Jean Renoir ? À des chasseurs d'archéoptéryx ? Le lecteur, s'il n'est ni scénographe ni metteur en scène, travaille pourtant à construire des images dans la relation entre ce qu'il lit et le stock d'images personnelles qu'il détient. Encore faut-il qu'il fasse le ménage dans les images persistantes qu'impose la conception dominante du théâtre et qu'il ose faire appel à un imaginaire non convenu.

Les travaux théoriques récents les plus passionnants concernent la place du lecteur dans l'acte de lecture et dans ce que l'on appelle « l'esthétique de la réception ». Ils ne concernent pas que la littérature contemporaine, mais les textes auxquels nous sommes confrontés réclament sans doute une coopération accrue. Il s'agit de reconnaître l'existence du sujet lisant, moins pour lui attribuer une subjectivité démesurée que pour faire admettre la nécessité d'un dialogue avec le texte.

Le texte de théâtre ne parle pas tout seul, mais on peut imaginer qu'il « répond » aux propositions du lecteur qui construit son système d'hypothèses. Certaines de celles que nous faisons dans nos cinq commencements ne tiendraient sans doute pas au-delà du fragment considéré. Il faut donc accepter cette mouvance, cet état perpétuellement provisoire et fragile du moment de lecture, ce jeu de cache-cache avec le sens qui se construit et se déconstruit au rythme de notre avancée. Le caractère dynamique et fugitif de la relation au texte produit du plaisir, à travers le jeu des hypothèses de ce vaste chantier.

Notre troisième chapitre offrira des pistes plus systématiques pour entrer dans les textes, en regroupant des exemples autour des formes les plus souvent repérées. C'est pourquoi nous commencerons par les problèmes de la fable, par la façon dont nous percevons l'histoire et dont la sous-information apparente dans laquelle est tenue le lecteur lui permet malgré tout de construire des éléments de récit. La perte de ce repère traditionnel quand il n'y a plus d'information massive et sûre, est compensée par une place plus importante offerte au lecteur à condition qu'il accepte d'en courir les risques. Nous travaillerons ensuite à l'analyse de l'espace et du temps dans la mesure où, comme nous venons de le voir, ces deux données ont été sérieusement malmenées depuis les années cinquante dans les dramaturgies éclatées. L'étude de l'évolution des formes du dialogue, ces conversations en trompe-l'œil, permettra de se placer au centre des textes. Nous terminerons par une réflexion sur les auteurs qui s'attaquent directement au langage, à ceux qui mettent en cause la communication traditionnelle ou qui inventent des jargons qui malmènent le langage ordinaire. Mais l'enjeu est d'abord de lire : « Si on lit des romans, c'est également pour acquérir les notions qui permettent de les lire » écrit Umberto Eco qui ajoute que :

> « Pour lire un roman, on fait semblant de savoir, on feint en accordant sa confiance à l'auteur qui, à un moment ou à un autre, vous dira ce que vous devez savoir de l'univers dont il parle. »

Nous pouvons transposer pour le théâtre. Feignons donc d'accorder notre confiance à des auteurs dont nous ne savons rien et à leurs univers parfois bizarres pour les lecteurs que nous sommes.

Histoire et théorie

I. Théâtre, société, politique

1. La place de l'auteur dans le paysage théâtral

Un théâtre à deux faces

Les historiens du théâtre s'attachent à distinguer les différences entre théâtre aristocratique et formes populaires ; ils étudient à cet effet des genres qui coexistent aux mêmes époques avec des ambitions et des publics très différents. L'utopique unité du public de théâtre, si elle a un jour existé, a sans doute commencé à décliner tout de suite après les grands rassemblements de la Cité antique. La nostalgie d'un théâtre « ouvert à tous » traverse toujours les discours des praticiens du théâtre comme ceux des sociologues.

En France, après la Seconde Guerre mondiale, la mise en place d'une politique systématique de subventionnement et de décentralisation du théâtre a eu une conséquence inattendue. Un « théâtre privé » et un « théâtre public » se sont développés et ont coexisté. La clivage est devenu progressivement plus évident entre le théâtre qui pense, innove, provoque et cherche à rendre compte du monde ou à agir sur celui-ci, et le théâtre qui distrait, ronronne ou aide à digérer. Bien entendu, aucun des deux ne s'avoue jamais ennuyeux ni inutile.

Les deux « familles » d'artistes, encore mêlées quand les petits théâtres privés parisiens des années cinquante prenaient à eux seuls les risques de la création contemporaine, sont aujourd'hui séparées au point qu'à quelques rares exceptions récentes, ce ne sont pas les mêmes acteurs ni les mêmes metteurs en scène qui y travaillent, et de plus en plus rarement les mêmes auteurs qui y sont joués. Or ce qui importe à un auteur, c'est de trouver des conditions de production qui lui permettent d'être joué sans qu'il soit obligé de renoncer à sa liberté d'écrivain.

Beaucoup d'observateurs de la vie théâtrale regrettent ce phénomène typiquement français dans sa forme et dans les oppositions qu'il engendre. Il s'explique économiquement (une création difficile entraîne de gros risques financiers et aucune garantie de succès public) sans qu'on puisse le réduire à cela. Il crée une fracture dans la vie théâtrale, à cause de conceptions différentes de la fonction de l'artiste dans la société en dehors même de la notion d'engagement.

Un théâtre qui dit « merdre » !

Il existe chez beaucoup de créateurs une sorte d'inquiétude profonde, liée à l'exercice de leur art, comme s'ils craignaient de passer à côté de l'essentiel en se laissant séduire par les sirènes de la consommation et du succès.

Jean Vilar, fondateur du Théâtre National Populaire de Chaillot et du festival d'Avignon, metteur en scène et acteur qu'on peut difficilement suspecter d'élitisme, s'interrogeait en 1964 sur le festival qu'il dirigeait parce qu'il avait peur qu'il ait cessé d'être une « aventure ». Sa réflexion sur le festival d'Avignon pourrait porter aujourd'hui sur n'importe quelle entreprise culturelle bien établie :

> « Certes, un artiste doit avant toute chose comprendre les réalités et les besoins de l'homme de son temps. Cependant le théâtre n'est valable, comme la poésie et la peinture, que dans la mesure où, précisément, il ne cède pas aux coutumes, aux goûts, aux besoins souvent grégaires de la masse. Il ne joue bien son rôle, il n'est utile aux hommes que s'il secoue ses manies collectives, lutte contre ses scléroses, lui dit comme le père Ubu : merdre ! »
>
> *Jean Vilar par lui-même*, Avignon, 1991

Ce théâtre qui dit merdre, on le constate, est placé par Vilar à égalité avec la poésie et la peinture. La vieille inquiétude des artistes du théâtre se réveille, même quand ils s'efforcent de s'adresser au plus grand nombre. Parce qu'ils travaillent rarement dans la solitude, parce qu'ils sont sans cesse confrontés au public, peut-être aussi à cause de l'étrange statut du théâtre pris entre texte et représentation, ils craignent plus que d'autres l'accusation de populisme ; ils ont peur surtout de ne plus déranger assez, quelle que soit la façon, nous le verrons, dont ils envisagent la lutte contre les scléroses des hommes et de la société.

La création contemporaine et l'écriture moderne s'inscrivent d'emblée dans ce théâtre de la rupture, du renouvellement et de l'interrogation. Le reste n'est pas pour autant bon à jeter. Il faut, soir après soir, nourrir l'Ogre théâtral, la machine à spectacles qui réclame son dû, les quelque trois cents représentations différentes qui s'adressent au public dans la seule ville de Paris. Comment, donc, atteindre le public le plus large en maintenant une réflexion sur le monde contemporain ?

Le théâtre peut-il encore déranger ?

L'entreprise théâtrale est faite de contradictions. Elle coûte de plus en plus cher, elle subit donc les aléas économiques et dépend étroitement des subventions de l'État. Il lui faut assumer sa fonction spectaculaire en touchant le public le plus large et maintenir pourtant sa fonction première d'art qui dénonce et dérange. Les Centres dramatiques et théâtres nationaux s'emploient à maintenir le répertoire et produisent avec plus ou moins de bonheur des textes nouveaux, notamment parce qu'il s'agit d'une des obligations de leur cahier des charges, du contrat qu'ils passent avec l'État.

Alain Badiou, dramaturge et philosophe, souligne la vanité paradoxale du travail théâtral, un artisanat qui s'emploie encore à troubler l'ordre établi :

> « Car le théâtre est un agencement matériel, corporel, machinique [...] Quoi ? Du papier découpé, des chiffons, un lumignon, trois chaises et un diseur de faubourg, et vous soutenez que la puissance publique, les mœurs, la collectivité sont mises tant en demeure qu'en péril ? »

> *Rhapsodie pour le théâtre,*
> Le Spectateur Français, Imprimerie Nationale, 1990.

Des années cinquante à aujourd'hui, l'écart n'a fait que se creuser entre des textes qui reproduisent avec plus ou moins de bonheur les certitudes formelles, les recettes éprouvées et les intrigues un peu fatiguées d'histoires qui ne racontent plus grand chose, et des textes qui s'essaient à parler au présent du monde qui se dessine sous nos yeux. L'enjeu, comme le disait Vilar, est de parvenir à « dire merdre ». Encore y a-t-il bien des façons de le dire, avec présomption, ennui ou pédantisme par exemple, ou encore avec ou sans aide officielle. Ce qu'il est convenu d'appeler les avant-gardes y a inégalement réussi, même si les textes nouveaux ont en principe pour fonction évidente de marquer une rupture avec ceux qui existent.

La condition d'auteur dramatique

Les textes nouveaux s'écrivent avec ce paysage pour toile de fond, après prise en compte de la regrettable séparation des familles du théâtre. Les petites salles privées qui prenaient des risques ont pour la plupart disparu. L'auteur en quête de productions, s'il ne cherche pas à plaire à n'importe quel prix, aurait le choix entre la solitude du coureur de fond et la commande étatique.

Michel Vinaver parle en 1978 de sa condition d'auteur dramatique avec précision et simplicité. Il fait écho au « merdre » de Vilar et le nuance en exprimant le besoin de dire un « non qui soit comme une ouverture » :

> « C'est seulement en échappant à toute obligation de plaire, de divertir, de produire et d'être produit, de se conformer, de réussir à nourrir sa famille, que l'auteur de théâtre peut espérer occuper sa place - qui est dans la marginalité - et peut chercher à remplir son rôle - qui est de susciter quelque secousse ou fissuration dans l'ordre établi. Je crois dans la nécessité qu'il y a, pour l'auteur de théâtre, d'être, *a priori,* excentré. D'opérer sa fonction par un continuel bond à l'écart. D'être inassimilable. [...] »

> *Écrits sur Le Théâtre,*
> L'Aire Théâtrale, 1982

Notre réflexion sur le théâtre moderne s'établit face à des auteurs condamnés à innover sans déplaire, à déranger sans se couper totalement du public, à offrir du plaisir sans se contenter pour cela des recettes déjà éprouvées. Ce sont les différents che-

mins qu'ils explorent par l'écriture dramatique que nous essayons
de retracer.

2. La question de l'engagement dans les années 50-60

Le texte de théâtre exposé à la politique

Le théâtre n'échappe pas aux débats qui animent les intellectuels de l'après-guerre autour de l'engagement politique des
œuvres. Les guerres de Corée et d'Algérie, la fin de la colonisa-
tion, l'arrivée du général de Gaulle au pouvoir, autant de questions historiques que l'écriture prend en compte ou esquive,
qu'elle attaque par le flanc sous forme de détours et de paraboles,
ou qu'elle traite naïvement de face avec l'espoir toujours renou-
velé de parler haut et clair d'un aujourd'hui qui vieillit vite. En
1944, l'*Antigone* d'Anouilh, *Huis-Clos* de Sartre, *Le Malentendu*
de Camus portent sur la scène des débats d'idées, mais dans des
formes dramatiques qui n'innovent pas. Théâtre moderne par ses
préoccupations idéologiques, théâtre de la fin d'une époque par sa
dramaturgie, bien qu'il serve toujours de repère à un théâtre qui
ambitionne de penser le monde.

Pour Alain Badiou, la politisation du théâtre est un phénomène
inévitable :

> « Le texte de théâtre est un texte exposé à la politique, *forcément.*
> Du reste, de l'*Orestie* aux *Paravents*, il articule des propositions
> qui ne sont complètement claires que du point de vue de la poli-
> tique. Car ce à quoi le texte de théâtre ordonne son incomplétude
> est toujours la béance du *conflit*. Un texte de théâtre commence
> quand deux « personnages » *ne sont pas d'accord*. Le théâtre ins-
> crit la discordance.
> Or, il n'y a que deux discords majeurs : celui des politiques, et
> celui des sexes, dont la scène est l'amour.
> Deux uniques sujets, donc, pour le texte de théâtre : l'amour et la
> politique. »

Rhapsodie pour le théâtre

La politique ne passe cependant pas toujours par l'actualité immédiate, et le jeu des miroirs auquel un sociologisme simplificateur renvoie théâtre et société ne doit pas nous abuser. Des textes « d'actualité » sont passés à côté de leur sujet, ou alors ils ont vieilli très vite. En revanche, le public de théâtre est prêt à saisir la moindre allusion à ce qu'il vit en assistant à la représentation de textes anciens ou de dramaturgies fondées sur le détour. Des salles entières du TNP de Jean Vilar réagissaient fortement à toute allusion au pouvoir dans *L'Alcade de Zalamea* de Calderon (1635), en pensant à De Gaulle, ce qui aurait bien étonné son auteur. *Les Coréens* (1956) de Michel Vinaver ne parlent pas uniquement de la guerre de Corée, si bien que la pièce nous intéresse toujours aujourd'hui. Quant aux *Paravents* (1961) de Jean Genet, il faut croire que c'est un texte encore assez provocateur pour que le Théâtre de la Criée à Marseille le retire de la programmation en 1991 pendant la guerre du Golfe et que des parachutistes viennent manifester à l'entrée de la salle quelques mois plus tard quand la pièce est finalement jouée.

« L'invention des grandes œuvres théâtrales est une réponse à (une) question informulée du groupe social », écrit Anne Ubersfeld, soulignant ainsi que l'auteur et son temps ne sont pas nécessairement en phase, et que la dramaturgie est une affaire plus complexe que l'actualité journalistique.

La polémique autour du théâtre engagé

La France découvre tardivement le théâtre de Bertolt Brecht, et c'est autour de ses textes et de ses écrits théoriques que se déclenche la polémique. Jean-Marie Serreau met en scène *L'Exception et la règle* en 1950. Brecht et le *Berliner Ensemble* présentent en 1954 à Paris *Mère Courage* et *Le Cercle de Craie Caucasien* en 1955. Planchon et Vilar suivront. Une partie de la critique journalistique ne comprend pas ou ne veut pas comprendre les lois du théâtre épique et la fameuse « distanciation ». En revanche, pour beaucoup d'intellectuels, et notamment pour Roland Barthes et Bernard Dort, les représentations des mises en scène brechtiennes en France constituent une véritable révélation. La revue *Théâtre Populaire* créée en 1953 diffuse et explicite la pensée brechtienne. Ainsi dans cet extrait d'un éditorial d'un numéro spécial consacré entièrement à Brecht :

> « Quoi qu'on décide finalement sur Brecht, il faut du moins marquer l'accord de sa pensée avec les grands thèmes progressistes de notre époque : à savoir que les maux des hommes sont entre les mains des hommes eux-mêmes, c'est-à-dire que le monde est maniable ; que l'Art peut et doit intervenir dans l'Histoire ; qu'il doit aujourd'hui concourir aux mêmes tâches que les Sciences dont il est solidaire ; qu'il nous faut désormais un art de l'explication, et non plus seulement un art de l'expression ; que le théâtre doit aider résolument l'Histoire en en dévoilant le procès ; que les techniques de la scène sont elles-mêmes engagées ; qu'enfin il n'y a pas une « essence » de l'art éternel mais que chaque société doit inventer l'art qui l'accouchera au mieux de sa propre délivrance. »
>
> *Théâtre Populaire* n° 11, janvier-février 1955

Une bonne partie du théâtre des années cinquante est ainsi traversée par une polémique opposant les tenants du théâtre politique, autour de la figure de Brecht, et les tenants du théâtre métaphysique - parfois désigné comme théâtre de l'absurde - dont le représentant le plus virulent est Eugène Ionesco, qui règle ses comptes avec la distanciation brechtienne avant de généraliser :

> « Tous les auteurs engagés veulent vous violer, c'est-à-dire vous convaincre, vous recruter. [...] Chaque auteur dit objectif, ou juste, plein de raison, réaliste, a un méchant à châtier, un bon à récompenser. C'est pour cela que toute œuvre réaliste ou engagée n'est que mélodrame. »
>
> *Journal en Miettes,* 1967, Idées/Gallimard

Ce que questionne Ionesco dans l'engagement, c'est finalement la question du *point de vue* en dramaturgie ; c'est cela qu'il critique en optant dans beaucoup de ses textes pour la parabole dont l'interprétation reste ouverte à tous vents si l'auteur ne montre aucune de ses intentions.

La vieille querelle entre les tenants de l'avant-garde qui dynamitent les formes du théâtre « bourgeois » et avec elles l'ancienne fascination de la salle pour la scène, et les tenants d'un théâtre politique qui proposent au spectateur de poser un regard critique sur le monde qui les entoure, ne peut se résoudre sans une réflexion sur l'apport dramaturgique des uns et des autres. Il est clair avec le recul que tout n'est pas dans le « message » qui donne bonne conscience mais aussi - et surtout - dans la texture même de l'écriture dramatique proposée comme solution autre, sinon comme solution nouvelle. Quand les auteurs se regardent en chiens de faïence au nom de choix idéologiques déterminants, il nous faut examiner leurs œuvres pour comprendre comment ils entendent traduire ces choix en théâtre, et c'est là que l'épreuve du texte, en révélant des contradictions, devient vraiment intéressante. Constamment critique sur son œuvre, préoccupé par l'évolution de son écriture, Arthur Adamov est ainsi passé d'un théâtre plutôt « métaphysique » à un théâtre politique, en maintenant des choix formels hardis. Dans *Paolo Paoli*, par exemple, l'industrie de la plume d'ornement et la recherche de papillons exotiques sont remplacés par la fabrication de boutons d'uniforme. La « Belle Époque » y montre ses deux visages, celui de la frivolité et celui du massacre de la guerre 14-18 qui approche. Quant à un auteur comme Armand Gatti, il précise dans les années soixante sa position par rapport à « l'avant-garde » des années cinquante où la scène est souvent le lieu clos de confrontations haineuses. Il développe aussi ce que pourrait être un théâtre politique sans étroitesse :

> « Le théâtre de l'absurde est un théâtre d'aujourd'hui et, à ce titre, indiscutablement intéressant. C'est même, je crois, une exploration très poussée vers certains problèmes de certains hommes. Mais la démarche que nous faisons est diamétralement opposée. Le théâtre de l'absurde se situe sur le plan de l'absence de l'homme sur la terre, tandis que dans le théâtre que nous essayons de faire, c'est plutôt la présence de l'homme dans la création et comment cet homme devient à son tour créateur, forgeant lui-même son destin, sa propre face d'homme. »
>
> cité par Gérard Gozlan et Jean-Louis Pays
dans Gatti Aujourd'hui, Seuil, 1970

3. La mise en question du texte et du statut de l'auteur autour de 1968

Le soulèvement de Mai 68 en France a touché la pratique théâtrale en profondeur, même si l'on se souvient en premier lieu de quelques événements marquants : la prise du Théâtre National de l'Odéon par des étudiants qui l'occupèrent en en faisant le symbole de la culture bourgeoise, ce qui valut par la suite à son directeur, Jean-Louis Barrault, d'être congédié ; le pouvoir politique lui reprocha de ne pas avoir défendu le terrain comme il le fallait. Au mois de juillet de la même année, Jean Vilar fut contesté par une partie du public d'Avignon qui vit dans les représentations de *Paradise Now* par le *Living Theatre* le type d'un nouveau théâtre fondé sur le corps et l'expression du collectif. Ces événements eurent des conséquences parfois indirectes mais durables sur la production des auteurs de théâtre.

Le corps, l'acteur et le collectif dans le processus de création

Au cours de la même année 1968, les spectateurs français purent voir plusieurs spectacles fondés sur le geste et le cri, cherchant une forme d'expression incantatoire agissant directement sur les sens du spectateur afin de le mettre dans un état de réception particulier, parfois même avec la volonté claire de le transformer psychologiquement.

La troupe du Bread and Puppet montra son travail au Festival mondial de Nancy, Grotowski fit jouer *Akropolis* à Paris, l'Odin Teater présenta *Ferai*. Avec *Paradise now*, ces spectacles pouvaient être reçus comme des manifestes. Certains de leurs créateurs se recommandaient directement d'Antonin Artaud, et par là considéraient le texte de manière différente, parfois secondaire, accordant en revanche une valeur exemplaire au travail scénique. Jean Jacquot, à partir des notes de répétitions des acteurs du *Living Theatre*, fait le point sur les intentions du groupe de *Paradise now* :

> « Pour convertir le spectateur, c'est-à-dire lui permettre de découvrir des ressources qu'il porte depuis toujours en lui-même, il lui faut trouver un mode de communication plus immédiat que le langage verbal. Cela suppose une intense préparation corporelle où l'érotisme, les exercices de yoga, et les substances donnant accès aux paradis artificiels auront leur part. On s'efforcera de trouver le « point artaudien » où le rayonnement des acteurs changera la température et la lumière, où la géométrie des corps, les incantations et les danses créeront un environnement capable d'engendrer chez les spectateurs une perception nouvelle. »
>
> *Les Voies de la Création théâtrale,*
> vol. 1, Éd. du CNRS, 1970

Toute une série de recherches se centrèrent sur le pouvoir d'expression et d'émotion de l'acteur, sur sa vie intérieure et sur sa capacité à transmettre des états d'une rare intensité au public. Il lui fallait pour cela subir des entraînements particuliers où le texte occupait une place réduite en tant que matériau littéraire fournissant aux dramaturgies traditionnelles l'essentiel du sens. Ces spectacles, dans leur diversité, n'étaient pas forcément dirigés « contre » le texte ; d'ailleurs plusieurs troupes donnent beaucoup d'importance au verbe poétique. Mais il se produisit en tout cas un décentrement dans la conception du travail théâtral, dans la pratique ordinaire des répétitions, dans la façon de considérer l'acteur, ses relations aux partenaires et au « sens » d'une création.

Se posant comme citoyens et artistes responsables dans leur vie quotidienne, les acteurs entendent contrôler la totalité du processus de création artistique. Dans le cas du *Living* et compte tenu de l'importance donnée à l'improvisation et à la spontanéité dans le travail du groupe, les artistes ne peuvent plus envisager un auteur qui ne vivrait pas avec eux les mêmes expériences quotidiennes et qui aurait un statut exorbitant en exerçant une sorte de contrôle sur le collectif. Si l'écriture n'est pas fatalement collective, elle n'appartient pas pour autant à un domaine réservé qui échapperait à la réflexion des concepteurs du spectacle. Ces expériences ne se traduisent pas forcément par un arrêt de toute écriture dramatique, mais elles remettent en cause la place de l'auteur en tant qu'artiste autonome ayant un statut privilégié dans le processus de création scénique. Elles débordèrent largement dans les années soixante-dix le seul cadre de quelques troupes-phares et devinrent la pratique obligatoire et plus ou moins réussie de nombreuses troupes qui ne jurèrent plus que par la création collective et abandonnèrent l'idée même de faire appel à un auteur extérieur à leur groupe.

Les pratiques d'écriture et les théâtres d'intervention

« Le Théâtre n'est pas un lieu clos, où l'on célèbre les fêtes surannées des œuvres immortelles. « L'autre théâtre » se fera à l'usine, à l'école, dans les HLM. Le créateur ne sera plus un oiseau isolé sur une branche sciée, d'autres créateurs doivent lui répondre, d'autres chants doivent naître, les voix de millions d'hommes qui se taisent encore ; un chant dont nous ne soupçonnons ni la force, ni la beauté, ni la clarté. »

Cette déclaration titrée « Troisième bond en avant » est extraite d'un article de la revue *Travail théâtral* (1971) consacré au groupe théâtral ouvrier Alsthom-Bull-Belfort animé par Jean Hurstel. Elle rend bien compte d'une tendance de troupes ouvrières, de théâtres d'agitation ou d'intervention, fait par ou pour les travailleurs. Il s'agit toujours de s'emparer de l'écriture dont on considère alors qu'elle a été confisquée par la bourgeoisie, afin de redonner la parole au peuple. Ce sont plutôt les « classiques » qui sont visés au premier chef, comme l'indique un peu plus loin la remarque d'une ouvrière, Huguette, dont le « soulagement » apparaît sous cette forme dans le compte rendu d'une réunion : « Le théâtre qu'on fait d'habitude non, tu sais les *Horace* ou la *Mouette*, ça ne me plaît pas, une pièce écrite, non, mais une pièce faite de nous-mêmes, oui, on se sent dans la peau du personnage, on vit ce qu'on joue, *c'est quelque chose de moi que je peux dire.* »

Si le rejet concerne directement les classiques, la place d'une œuvre moderne traitant de questions extérieures aux préoccupations de la classe ouvrière est indirectement mise en cause. L'urgence de la prise de parole est vécue comme une nécessité de la lutte révolutionnaire, ce qui fait qu'on perçoit aujourd'hui dans ces déclarations un curieux mélange de certitudes transcrites parfois en « langue de bois » face à « l'appropriation de la culture », et une grande humilité et un réel bonheur dans la réalité des pratiques des groupes, comme le traduit ce « Premier avis aux intellectuels de tous bords » : « Ceci est un canevas, une pièce à inventer, les résultats à peine élaborés d'une succession de scènes improvisées le soir, dans un réfectoire d'usine, et non un texte modèle d'un autre théâtre. »

On peut comparer ces propos à ceux de la Troupe Z, fondée en 1973 et qui signe également un article manifeste dans la revue *Travail théâtral*. Fondée en 1973, la troupe intervint d'abord sous forme d'un théâtre-journal, chronique de la lutte des classes. Ce groupe de théâtre militant développa toute une réflexion sur sa pratique, sur sa rupture avec le « théâtre officiel » et sur la nécessité de recourir à l'écriture pour produire des spectacles ambitieux :

> « L'écriture est la première bataille de longue haleine menée par la troupe. [...] Elle est un des nœuds de la « misère fondamentale » du théâtre aujourd'hui, qui veut qu'à l'époque de la déca-

dence bourgeoise et de l'hégémonie des implications réformistes en art, il n'y ait plus de texte. [...] Le théâtre militant, le théâtre politique tire ses premiers vagissements de l'écriture. Il est sec et ne s'embarrasse pas d'archétypes formels : il court après le texte. Le grand moyen de communication avec les ouvriers de Lip ou de Chausson a été une parole directe [...].

Chez nous, l'acteur doit d'abord savoir ce qu'il fait, savoir pourquoi il fait du théâtre, savoir s'il est encore absolument utile de faire du théâtre. [...] De nos jours, l'acteur n'écrit jamais, et l'imposture de l'écriture, nous en avons fait une source de rébellion durable qui pourrait alimenter notre rupture fondamentale avec l'institution théâtrale. [...] Dans la situation présente de mise à flot d'un théâtre militant plus élaboré, l'atout de l'écriture doit s'intégrer aux autres moments de la production. Les débordements de l'écriture tous azimuts doivent se canaliser dans un discours collectif acéré. Sorti de la phase préhistorique, on entre dans l'âge de la dramaturgie. [...] »

Travail Théâtral XXII, 1976

L'importance de l'écriture, et même d'une écriture de plus en plus élaborée par rapport aux improvisations ou aux prises de parole « spontanées », n'est donc absolument pas niée. Ce qui n'est à aucun moment envisagé dans ce texte long et réfléchi, c'est qu'il puisse s'agir d'une spécialité qui échappe au groupe d'acteurs au point que l'on fasse appel à un auteur spécifique. L'écriture sera donc collective ou elle ne sera pas.

On comprend, à travers ces exemples peut-être marginaux mais bien réels, que les acteurs de troupes aux esthétiques très différentes - du Living à la troupe Z - ressentaient la nécessité d'une parole propre exprimée par le collectif. Certes, l'institution théâtrale continuait à produire des spectacles « ordinaires », avec un texte et un metteur en scène. Mais la nouveauté, « l'événement » comme on le dirait aujourd'hui, ne se situait pas sur ce versant mais bien du côté de ceux qui revendiquaient les outils de la production théâtrale, qu'ils se recommandent de l'idéalisme d'un mieux-être entre les hommes ou du matérialisme des combats sociaux. Le déficit de cette époque n'est donc pas un déficit en « écritures » mais en auteurs nouveaux, tout simplement parce qu'ils ressentaient qu'il n'y avait plus de place pour eux sur le terrain de l'innovation. Ils étaient condamnés à leur tour d'ivoire s'ils persistaient à écrire, ou à une sujétion à l'institution dont la préoccupation n'allait pas vraiment dans le sens de l'expérimentation dramaturgique. Quelques auteurs connurent une longue traversée du désert, d'autres arrêtèrent d'écrire. D'autres encore, comme Armand Gatti ou Dario Fo, trouvèrent la relation entre ce terrain mouvant, secoué par les séismes politiques et scéniques, et leur écriture propre.

4. Les années 70 : le quotidien et l'Histoire

Émergence et nécessité du théâtre du quotidien

Le théâtre s'était comme enflé d'un trop-plein d'idéologie, engraissé d'un excès de discours analysant le monde dans des perspectives historiques. La société finissait par être regardée exclusivement du point de vue des grands principes politiques, au risque que les personnages ne soient plus que des allégories et que les individus voient leurs identités se dissoudre dans les mouvements de masse. J.-P. Sarrazac montre, dans *L'Avenir du Drame*, comment « ces situations standards de l'aliénation, personnages moyens n'ayant d'autre valeur que statistique, dramaturgies de papier [...], réduit l'étude sur la scène de notre vie sociale à des objectifs extérieurs ».

À cela s'ajoutait pour beaucoup le sentiment d'avoir vécu un formidable échec politique, celui de l'après-soixante-huit, accompagné d'un cortège de désillusions. La société française n'avait pas été autant bouleversée depuis longtemps, mais une sorte de brutal retour au réel effaçait la scène de la Révolution, ses combats de rue, ses discours lyriques et ses grands espoirs de changement. Ce sont sans doute des raisons suffisantes pour que se manifeste un nouvel intérêt en faveur des « gens » et de leurs histoires ordinaires. Il devenait à nouveau indispensable d'aborder l'Histoire sous un autre point de vue, plus latéral et plus souterrain.

Quelques auteurs changèrent de focale, ils abandonnèrent le « grand angle », travaillèrent avec des téléobjectifs ou s'essayèrent à des plans rapprochés.

Ce que l'on a appelé depuis le « théâtre du quotidien », dénomination simplificatrice comme elles le sont toujours, partait de cette nécessité. On s'aperçut que quelques auteurs allemands, comme Kroetz (*Haute-Autriche* à Paris en 1973) et Fassbinder (*Liberté à Brême* en 1975), avaient les mêmes préoccupations que des dramaturges français (*La Demande d'emploi,* en 1973 et *Par-dessus bord* en 1974 de Vinaver, *L'Entraînement du champion avant la course* de Michel Deutsch). On jouait à Paris et en pro-vince des pièces qui racontaient sans grands effets et surtout sans jugement apparent des histoires de la vie des petites gens, en prise sur l'actualité ou s'inspirant de faits-divers.

   Loin d'Hagondange de Jean-Paul Wenzel (1975) provoqua la surprise et l'enthousiasme. La pièce raconte laconiquement les préoccupations quotidiennes d'un couple de retraités qui s'instal-lent à la campagne, loin de leurs habitudes et de leur ancienne vie, rythmée par le travail. Aucune leçon, pas de « contexte histori-que » souligné, aucune revendication, une fable simple et linéaire. D'autres pièces poursuivaient la même ambition. « Autant de fables de la vie privée, de la crise de la famille sous la pression de l'Histoire. Théâtre de l'Infra-Histoire en quelque sorte - théâtre du geste qui ne se retient pas, de la pesanteur des cho-ses, des sourires consumés, du sens qui n'a plus que le silence pour se dire » écrit Michel Deutsch, l'un des premiers auteurs à travailler dans ce sens. Encore fallait-il que ces textes rencontrent leur public et échappent aux lieux communs sur la « crise des auteurs ».

Un théâtre près des gens

   Le théâtre du quotidien n'est pas autant en rupture avec 1968 comme on pourrait le croire. Il reprend certaines des préoccupa-tions de l'époque, mais de manière plus consciente et réaliste. Metteurs en scène et acteurs voulaient faire du théâtre montrable partout, y compris hors des théâtres officiels et des institutions :

> « Les pièces, les spectacles devaient être légers, nerveux et près des « gens » ; les productions et les circuits devaient être conçus pour soutenir de tels projets. S'il n'était pas question de dévelop-per une ligne politique, il s'agissait bien pourtant de raconter la vie des « gens », comme nous disions alors, en ne passant pas par-dessus la tête des " gens ". »
>
> Michel Deutsch, *Inventaire après liquidation,* L'Arche, 1990

   Deutsch relève bien les principaux écueils de ce théâtre : il ne s'agissait pas de se laisser gagner par le populisme ou le naturalisme, par une écriture ancrée dans le fait divers ou dans la tranche de vie, par la célébration idéaliste d'un peuple de « petites gens ». Les auteurs qui s'approchaient tout près de ce quotidien-là devaient prendre garde aux conséquences de la perte de toute distance. Happés par leur sujet, ils ne raconteraient plus alors que des anecdotes sans perspective. Ils ne devaient pas non plus succomber au confort d'une position d'entomologiste où, promus observateurs de la vie « des autres », ils n'échapperaient pas aux pièges du mépris et de ce que Vinaver appelle le « surplombement », ce qui arrive quand on prétend regarder de près mais que l'on se place de telle façon que l'on regarde de haut. Enfin, si la perpective politique ne devait pas l'emporter sur le « sujet », il pouvait se révéler tout aussi problématique d'évacuer toute conscience politique ou historique.

Réinvestir le champ historique par l'autre bout

De ce point de vue, Jacques Lassalle, auteur et metteur en scène orfèvre d'une série de « petites formes » dans ces années-là, écrit en 1976 à propos de textes de Milan Kundera qu'il vient de monter :

> « Ce qui me hante dans les nouvelles de Kundera, c'est que, s'en tenant strictement au territoire du couple, à des relations très ténues, il parvient à réinvestir [...] la totalité du champ historique [...]. Peut-on réenvisager aujourd'hui - alors qu'incontestablement le public de théâtre s'est pulvérisé - des formes apparemment ténues, telle la pièce en un acte, tel le théâtre de chambre, qui puissent néanmoins permettre d'accéder aux leçons historiques ? »
>
> *Travail Théâtral* XXIV-XXV, 1976

Ce fut l'ambition souvent atteinte des meilleures productions de ce théâtre, et aussi sa ligne de partage. La parole en prise sur le quotidien avait l'ambition d'échapper à l'affadissement et aux tristes généralités d'un théâtre prétendument réaliste aux fresques délavées, qui se rabat le plus souvent sur des schémas socio-psychologiques éprouvés dans lesquels s'agitent des personnages tout d'une pièce. Elle ne pouvait pour autant se satisfaire de l'anecdotique, et, passant par la nécessité d'être très particulière, il lui fallait réussir à accéder au général et refaire pénétrer le politique dans le champ du privé. Le quotidien et ses variantes, ou quelques-unes des petites formes qu'il engendra, ne renonçaient pas à parler du monde avec force et pertinence. Le changement d'angle et de terrain pouvait au contraire servir à parler des choses essentielles, fût-ce d'une voix feutrée.

Un auteur comme Michel Vinaver éclaire les enjeux d'un théâtre qui ambitionne d'accueillir des matériaux cueillis dans la conversation et dans la vie courante sans volontarisme excessif, sans intention de démonstration. Il faut pour cela avoir renoncé à « écrire sur », à traquer les thèmes ou à décider avant le geste concret de l'écriture ce qui importe et ce qui est négligeable. L'auteur aux aguets accueille l'écume de ce qui l'entoure et le travaille, par le montage par exemple, comme nous le verrons, jusqu'à ce que ça fasse sens, pour qu'advienne l'évidence de la nécessité. Rien à voir donc, avec l'enregistrement automatique de la réalité ni avec la croyance en un quelconque effet magique. S'il ne sait pas « à l'avance » ce qu'il va écrire, Vinaver ne travaille pas à l'aveuglette. Il pose patiemment des pièges où il capture des bribes de langage, attentif à briser la hiérarchie ordinaire du sens et ses vieilles questions (quelle est la situation principale ? le conflit majeur ?) pour se rendre davantage disponible aux événements les plus minces, aux gestes ténus et aux paroles anodines, seuls capables selon lui de rendre compte avec simplicité et violence de ce que nous vivons.

Le courant du théâtre du quotidien se manifesta par des écritures différentes. Il succomba parfois à l'impasse de la « tranche de vie », engendra un nouveau naturalisme, s'abâtardit en des œuvres légères ou narcissiques (certains auteurs ne parlant plus que de leur quotidien intime) que Michel Deutsch qualifie de « néo-boulevard ». Même avec le mince recul dont nous disposons aujourd'hui, il semble bien qu'il a donné un nouvel élan à l'écriture théâtrale.

5. Les années 80 : la perte du narratif, pour quoi dire ?

La dissolution des idéologies dans les années 80 s'accompagne d'une perte de repères. Peu de textes se réfèrent à l'Histoire ou au politique, beaucoup de textes explorent les territoires intimes, comme pour compenser un déficit en émotions en manifestant un franc retour au pathétique. D'autres n'envisagent plus la représentation que sous l'angle du spectaculaire. Sans recul aucun devant les productions récentes, nous en sommes réduits aux hypothèses.

> « Le théâtre [...] a longtemps fonctionné comme discours privilégié de la *protestation* - de la protestation politique. Le théâtre était d'opposition. Quelque chose qui avait trait au bon ou au mauvais rassemblement s'exposait là. [...] L'essentiel, n'est-ce pas, c'était la bonne opinion - la thèse politique. [...] Avec le triomphe de la gauche en mai 81, cette situation a soudain pris fin. L'énoncé de gauche devenant discours de pouvoir, le théâtre s'est senti quitte de la protestation, quitte de l'opposition. Le théâtre de la bonne opinion est devenu un théâtre en quête d'honorabilité - un théâtre de méchants rentiers, un divertissement d'État. »
>
> Michel Deutsch, « Au bar du théâtre »,
> *Théâtre/Public,* 1986,
> repris dans *Inventaire après liquidation*

Michel Deutsch fait là sans nuances le lien entre l'évolution du théâtre subventionné et la situation politique. Il analyse l'évolution du répertoire comme allant dans le sens d'une alliance entre le néo-boulevard et le théâtre d'illustration des classiques, comme entérinant la mort du « théâtre d'Art ».

Les auteurs de ces dix dernières années ne se reconnaîtraient sans doute pas dans ce diagnostic. Il est clair cependant qu'un glissement s'est opéré dans le sens de « toujours plus de spectaculaire » et « toujours plus de divertissement ». Peu de conflits repérables et peu de polémiques, une partie du théâtre, se plaçant du côté du consensus, s'est rabattu sur le spectaculaire pur comme si tout était bon pour divertir le public.

Comme nous le verrons dans l'analyse des textes, d'autres auteurs atteignent les limites d'un territoire, celles où la perte du narratif se double de la perte du sens, comme s'il devenait tout à fait impossible de « dire », une fois sortis des strictes traditions du récit déjà connu et exploré. Ou comme si, et c'est le versant optimiste, la fin de notre culture narrative engendrait une autre façon de raconter, comme le dit Jean-François Peyret en se référant à un spectacle qu'il vient de faire avec Jean Jourdheuil :

> « Du coup cela fourmille. On obtient une prolifération de micro-récits, d'anecdotes... *Les Sonnets* de Shakespeare, c'est pareil. Ce

n'est pas la grande fable amoureuse qui importe là-dedans, mais plutôt la manière dont elle va s'atomiser, se métastaser, devenir « *plus rien du tout* », ce que nous connaissons bien depuis Beckett. Même le théâtre de Heiner Müller, à partir d'une autre expérience, prend acte de cette crise de la narration. Il est clair que lui essaie de retrouver les narrateurs, de trouver quelque chose à raconter de notre histoire. »

Prospéro, 1991

Il s'agit sans doute là d'un clivage important. Toujours plus de fable (ou une fable toujours plus limpide) mais pour dire quoi ? Ressasser les vieilles histoires (ah ! les vieilles questions les vieilles réponses ! fait dire Beckett à Hamm dans *Fin de partie*) ? Ou une fable de plus en plus dissoute, parce qu'il n'y a plus rien à dire, ou parce que c'est le seul moyen de retrouver les narrateurs et la nécessité de la parole face à une monde opaque ?

II. L'évolution de la représentation

1. Le texte et la scène

Les relations complexes de l'auteur et du metteur en scène

La relation entre les auteurs et les metteurs en scène est devenue un lieu commun de l'actualité théâtrale. Bernard Dort observait en 1980 sous le titre « Le texte et le spectacle » dans *Le Monde du Dimanche*, que « Le rôle du metteur en scène s'est hypertrophié. Une fois admis qu'il était l'auteur du spectacle, ce metteur en scène s'est aussi voulu un auteur, au sens que l'on donnait à ce mot au XIXᵉ siècle. Il a revendiqué le statut de créateur. Le metteur en scène est devenu obèse. »

Cette « obésité » retient notre attention, en dehors de toute polémique, moins dans le rapport des personnes qui collaborent à la création que dans ses conséquences pour l'écriture contemporaine. L'opinion prend surtout conscience du pouvoir du metteur en scène quand il l'exerce sur la lecture des classiques. L'écart entre le texte et la représentation y est mieux visible, le recul historique et la connaissance antérieure des textes permettant au jugement du spectateur de s'exercer. Dans le cas d'une création, où le texte est rarement connu du spectateur, la médiation scénique s'exerce pleinement, en bien ou en mal. On entend dire qu'un texte médiocre a été « sauvé » par le metteur en scène, plus rarement qu'il a été incompris ou assassiné. Or un texte créé a rarement une seconde chance dans les conditions économiques de la production théâtrale, et un nouvel auteur est souvent trop heureux d'être produit pour avoir l'audace de protester au moment où il accède à une première chance. La liberté que le metteur en scène exerce quand il « lit » un classique est bénéfique car l'éloignement historique rend ce travail souvent indispensable. Dans le cas des textes contemporains, cette liberté devient plus problématique. Elle est en tout cas mise en question par des auteurs surpris qui admettent mal les aléas que subissent leurs textes ou qui ne comprennent pas la nécessité de certaines distorsions. Ainsi, Bernard-Marie Koltès écrit après avoir assisté à quelques mises en scène de *Combat de nègre et de chiens* :

> « [...] et puis, à une répétition en Italie, vous découvrez que le rôle d'Alboury [le nègre] est joué par un Blanc. Ou bien ailleurs, on vous dit : le problème chez nous, ce n'est pas les Noirs, c'est les Turcs. Vous protestez faiblement en disant : je n'ai pas écrit un problème mais un personnage. [...] Ou encore, en Suède, on vous dit : impossible de trouver un comédien noir qui parle suédois. J'ai le sentiment d'entendre un metteur en scène me dire : je monte votre pièce mais je vous préviens : pas question d'avoir un théâtre ni des comédiens. Alors pourquoi la monte-t-il ? »
>
> Bernard-Marie Koltès, « Un hangar, à l'ouest »,
> notes après *Roberto Zucco*, Éditions de Minuit, 1990

Ce dernier demi-siècle abonde en exemples de relations complexes entre le metteur en scène et l'auteur. Ainsi, Genet couvre de lettres et de notes Roger Blin (qui s'était pourtant fait une réputation de fidélité aux textes) pendant les répétitions des *Paravents*, multipliant les recommandations parfois contradictoires et les indications précieuses, en tout cas d'une grande beauté à la relecture :

> « Warda doit être une espèce d'Impératrice, chaussée de si lourds brodequins - en or massif - qu'elle ne pourra plus arquer. Vous pourriez la visser au praticable. L'obliger à porter un corset de fer. Avec des boulons. »
>
> Jean Genet, *Lettres à Roger Blin*, Gallimard, 1966

Roger Planchon persuade Michel Vinaver qu'il ne peut mettre en scène *Par-dessus bord* que si le texte est remis à plat et le montage simplifié. Vinaver en a gardé une grande prudence vis-à-vis de la mise en scène qu'il soupçonne de ne pas vraiment prendre en compte le texte.

Beckett multiplie les indications scéniques jusqu'à l'obsession, comme pour empêcher tout écart. Ainsi, dans *Cette fois*, il indique même la durée des silences :

> « Silence 7 secondes. Yeux ouverts. Respiration audible, lente et régulière. »

Le corset des didascalies peut donc devenir une sorte de tentative désespérée de résistance jusqu'à l'absurde de certains auteurs, protégeant leur texte contre le spectacle.

Le statut du texte dans la représentation

C'est bien du statut du texte dans le *spectacle* dont il est question. La tradition lui accordait une place exorbitante, la toute première, parfois au détriment des autres moyens d'expression scénique. La pensée moderne, quand elle envisage avec Barthes la représentation comme une partition, « un système de signes », refond le texte dans un ensemble signifiant où le processus sensible de la mise en scène occupe largement le terrain. L'opposition texte/représentation n'a guère d'autre intérêt que polémique, sauf quand le texte n'est plus qu'un prétexte à des effets spectaculaires que nous ne qualifierons pas toujours de mise en scène. C'est dans cette mesure qu'il faut comprendre la position provocatrice de Michel Deutsch quand il s'exclame :

> « Je considère d'ailleurs que le meilleur chemin pour venir au théâtre passe par la lecture. Je crains malheureusement que les autres accès ne soient hypothéqués par le spectacle. Le spectacle, à mes yeux, si j'ose dire, est précisément la manifestation flagrante de l'adaptation - donc de la soumission - du théâtre à la trivialité de la culture (la non-culture !) de masse, de la soumission du théâtre à l'idéologie des loisirs [...] »
>
> Michel Deutsch, *Inventaire après liquidation*

Le théâtre contemporain connaît une sorte de déficit de lecture parce qu'il a la réputation d'être plus difficile d'accès, qu'il est jusqu'à présent peu représenté dans le système éducatif et que l'état de l'édition le réduit, comme nous le verrons, à la portion congrue. Nous avons tellement entendu dire que le théâtre était incomplet sans la représentation qu'il n'est pas étonnant que des auteurs se rebiffent contre les lois du spectacle et du marché ou qu'ils revendiquent l'intérêt du texte tel qu'il existe en lui-même.

Dans une superbe formule, « faire théâtre de tout » (V. Anthologie, en fin d'ouvrage), Antoine Vitez théorisait dans un entretien de 1976 une de ses grandes intuitions, le droit du théâtre à se frotter à tous les textes, y compris les textes non littéraires et les textes non « prévus » pour le théâtre, par exemple les romans ou tout texte susceptible de « résister » à la scène :

> « Car je me représente l'ensemble des textes qui ont été écrits jusqu'à maintenant, ou qui s'écrivent à la minute où je parle, comme un gigantesque texte écrit par tout le monde, par nous tous. Le présent et le passé ne sont pas très distincts pour moi. Il n'y a donc aucune raison pour que le théâtre ne puisse s'emparer des fragments de ce texte unique qui est écrit par les gens, perpétuellement. »
>
> Antoine Vitez, *Le Théâtre des Idées,*
> Anthologie proposée par Danièle Sallenave et Georges Banu,
> Gallimard, 1991

La formule et son principe étaient parfaitement compréhensibles dans l'art de Vitez qui avait envie de tout représenter, y compris la mer, l'Océan, « mais surtout des éléments, comment dire, aussi *intraitables* que la mer, que la profondeur de la mer... », en un formidable acte de foi dans le théâtre. Pour ses épigones, elle a parfois signifié ou été interprétée comme « faire théâtre de rien », c'est-à-dire de ne plus se soucier de l'intérêt premier du texte soumis à la représentation.

L'affaiblissement de la place de l'auteur contemporain face à la mise en scène s'explique aussi par la perte des repères en matière de textes dramatiques. Quand le spectacle l'emporte (et encore une fois, ce n'était nullement le projet de Vitez, grand amoureux de l'écriture), les textes dramatiques perdent toute nécessité et toute spécificité. Des formes particulières au théâtre n'ont pas de raisons d'être en amont de la représentation si elles n'intéressent plus les metteurs en scène, s'ils les transforment à leur gré ou leur impriment des marques scéniques telles que les auteurs n'y retrouvent plus rien de leur écriture.

La liberté de la scène, indispensable au développement du théâtre, exerce une influence ambiguë sur l'écriture. Puisque tout est permis, les auteurs peuvent eux aussi s'autoriser à rêver les formes les plus originales et les plus novatrices, les conventions scéniques du passé ayant explosé et n'exerçant plus leur dictature. Mais puisque tout est permis, ils ne disposent d'aucune garantie sur le devenir scénique de leur texte s'il ne dépasse pas le simple statut de matériau de la représentation.

2. Évolution des techniques scéniques

Le texte et l'évolution des techniques scéniques

L'importance qu'ont prise depuis les années cinquante la scénographie et la lumière ne peut être tout à fait sans conséquences sur l'écriture dramatique, même si celles-ci sont difficilement mesurables. Nous sommes passés d'une conception du théâtre héritée du XIXe siècle où le texte dramatique était au centre de la représentation, à une pratique où les différents systèmes de signes (dont l'espace, l'image, la lumière, l'acteur en mouvement, le son) prennent chacun davantage de poids dans le travail final proposé au spectateur.

Il serait impossible et vain de décréter que le statut du texte n'est plus du tout le même, car cela dépend toujours d'esthétiques différentes et des rapports contradictoires que les auteurs entretiennent avec la scène. Disons que globalement les mentalités évoluent, et que les différents arts qui se fondent dans le creuset de la théâtralité sont pris davantage au sérieux, chacun pour eux-mêmes, y compris quand ils demeurent au service du texte. En simplifiant, on pourrait dire que nous passons d'une pratique du théâtre où c'est le texte qui *fait sens*, à une pratique où *tout fait sens*, s'inscrit dans une dramaturgie d'ensemble. Ceci explique notamment l'abandon du mot « décoration », qui connote une sorte d'embellissement périphérique à l'œuvre, au profit du mot « scénographie », qui nomme un rapport essentiel à l'espace, aussi bien dans la relation au spectateur. Le scénographe Yannis Kokkos le réaffirme :

> « La scénographie a le même statut que tous les métiers du théâtre. Je n'imagine pas une mise en scène « autonome ». Le théâtre en lui-même est un bâtard, à l'intérieur duquel se combinent diverses disciplines. C'est cela qui fait sa force irremplaçable, et c'est peut-être en cela qu'il est un « reflet » de la société, même dans ses pires produits. »
>
> Yannis Kokkos, *Le Scénographe et le Héron*,
> ouvrage conçu et réalisé par G. Banu, Actes, Sud, 1989

On peut faire remonter cette évolution à Adolphe Appia et à Edward Gordon Craig, qui se sont tous deux élevés contre le réalisme du décor au profit des lignes, des couleurs et de la lumière, d'une certaine abstraction de l'espace qui modifie d'autant les relations qu'il entretient avec le texte.

Les transformations sont plus récentes dans le domaine de la lumière où le métier de concepteur d'éclairages (même s'il existait dans les faits) et la théorisation de son apport ne datent vraiment que du milieu des années soixante-dix. Patrice Trottier parle de la place de la lumière, à propos de ses collaborations avec Daniel Mesguich, et de leurs efforts pour faire « jouer » un projecteur au même titre qu'un comédien :

> « Actuellement, dans le meilleur des cas, on fait en sorte que l'éclairage justifie le sens de la mise en scène. Justifier suppose que l'éclairage fonctionne d'une manière assez psychologique à partir de l'image : il suggère une impression générale, un « climat » en s'aidant du décor ou en travaillant le relief des corps ou la couleur [...] C'est en tenant compte de cela que nous avons essayé d'établir un système d'éclairage plus complexe, susceptible de réellement signifier. Nous avons donc choisi de dynamiser l'éclairage, d'établir un système de signes précis et de l'organiser selon une syntaxe qui pouvait s'articuler avec celle de la mise en scène. »
>
> *Travail Théâtral* XXXI, 1978

L'évolution de la lumière, d'ailleurs tributaire du matériel emprunté au cinéma, si elle ne pèse pas directement sur l'écriture, a sans doute contribué à changer la façon de concevoir la construction du sens, et par là même la façon de raconter. Un nouveau découpage de l'espace, le morcellement possible des corps des acteurs, la façon intantanée et parfois brutale d'éclairer, l'abandon progressif d'une « lumière d'atmosphère » (sauf pour des effets particuliers), la possibilité de montrer ostensiblement toutes les sources ou au contraire de les dissimuler et de masquer au besoin même leur direction et leur provenance, créent une nouvelle grammaire du récit.

La scène est de moins en moins pensée comme une totalité. L'auteur n'est plus tenu d'écrire en fonction de changements de décor ; tous les sauts d'espace et de temps, tous les effets de montage sont possibles dans l'instant. Une esthétique du fragment et de la discontinuité y a sûrement trouvé son compte aussi bien qu'une esthétique raffinant sur l'illusion. Tout peut s'enchaîner ou s'entrechoquer, tout peut se transformer. L'évolution des techniques scéniques a contribué à créer une autre culture scénique des auteurs, tout comme la scène à l'italienne et son système de conventions avaient pu dans le passé influencer la dramaturgie au point parfois de la figer.

Le théâtre et les autres arts

L'Américain Bob Wilson avec son *Regard du sourd* en 1971, l'Allemande Pina Bausch avec la plupart de ses œuvres chorégraphiques des années 80, le Polonais Tadeusz Kantor avec le choc de *La Classe morte* au festival de Nancy en 1975 et les créations qui suivirent contribuèrent avec quelques autres à ébranler bien des certitudes sur le statut de la représentation théâtrale et sur la place du texte. Ces artistes et plusieurs autres ne viennent pas du théâtre mais des arts visuels ou de la danse et pourtant ils font appel à du texte, souvent sous forme de fragments répétitifs. Kantor déclare par exemple qu'il ne met pas en scène les textes de Witkiewicz mais qu'il adapte son univers. Tous s'intéressent au langage et aux bizarreries des codes existants qu'ils font s'entrechoquer. Bob Wilson parle de sa collaboration avec Christopher Knowles qu'on pourrait décrire comme un enfant autistique, pour *Dialogue/Curious George* (1980) :

> « J'aimerais que ma pièce soit discutée par un linguiste, ou par un philosophe. Christopher travaille vraiment sur le langage et les mathématiques. Il a une manière tout à fait originale de combiner les mots, les idées et les modèles. Il casse nos codes et les mots de notre langage familier, puis il combine les morceaux d'une manière nouvelle. Chris parle aussi en modèles optiques. Par exemple, il commence par un mot ou une phrase qu'il allonge jusqu'à ce que ça donne une pyramide visuelle ; puis il raccourcit jusqu'à retomber sur un mot ou une phrase. Il parle visuellement. »

Entretien avec Robert Wilson, *Théâtre/Public* n° 36, 1980

Le cinéma se « théâtralise » volontiers, avec des créateurs comme Éric Rohmer ou Jean-Luc Godard. Dans un autre registre, Jean-Claude Carrière adapte *Cyrano de Bergerac* au cinéma et le scénario de *La Maman et la putain* du cinéaste Jean Eustache devient une pièce de théâtre jouée avec succès.

La danse-théâtre devient si populaire que beaucoup de jeunes chorégraphes font « parler » leurs danseurs. Il naît sans cesse des spectacles « inclassables », théâtre du mouvement ou du silence, danse théâtralisée ou spectacles de formes inanimées qui se mettent à bouger. Le théâtre musical cherche également un chemin original ailleurs que du côté de l'oratorio ou de l'opéra dans des combinaisons qui interrogent la musicalité du langage.

Toutes ces recherches autour des langages artistiques, ces métissages entre la parole, l'image, le mouvement, exercent une influence probable sur les textes d'auteurs. Ceux-ci se sentent moins contraints par des conventions scéniques qui évoluent très vite et qui reculent les limites du « représentable » vers davantage de liberté et d'abstraction, en tout cas vers un rapport moins étroit avec le référent.

III. Le texte, l'auteur et les institutions

1. Situation de l'édition théâtrale

Dans une enquête publiée en 1987 sous le titre *Le Compte rendu d'Avignon. Des Mille Maux dont souffre l'Édition Théâtrale et des Trente-Sept Remèdes pour l'en soulager* (Actes Sud, 1987), Michel Vinaver dresse un état des lieux avec précision et humour. De moins en moins d'auteurs dramatiques ont été publiés, le théâtre est renvoyé au spectacle et rarement à la création littéraire, et les médias se désintéressent, avec des raisons diverses, du phénomène éditorial.

Ces toutes dernières années marquent une évolution : les grands éditeurs « généralistes » se sont à peu près retirés des collections de théâtre (même s'ils publient encore parfois un auteur « maison »), alors que des éditeurs spécialisés et parfois subventionnés ont pris davantage d'importance et occupent mieux le terrain de la diffusion. Certains théâtres (Chaillot, La Comédie française), lancent plus ou moins régulièrement des ouvrages de leur répertoire. « Théâtrales », « Actes-Sud Papiers », « Théâtre Ouvert », « L'Avant-Scène », « L'Arche », « P.O.L. », « C. Bourgois », « Comp'Act », « Émile Lansman » (Bruxelles), publient régulièrement des textes contemporains. Une collection lancée par Actes-Sud en 1992, intitulée « Répliques » vise plus particulièrement les publics de l'Éducation Nationale, habitués jusqu'ici plutôt aux « classiques » et d'ailleurs toujours aux mêmes titres.

En sortant de la « littérature » dans les années soixante, le théâtre a perdu le commerce ordinaire qu'il entretenait avec le cercle des lettrés habitués à la chose écrite et à l'objet imprimé. Les efforts convergents de plusieurs organismes, dont le Centre National des Lettres, font qu'on assiste, semble-t-il, à un phénomène récent en faveur de l'édition théâtrale contemporaine. Ça ne règle pas d'emblée la question de la « qualité » des auteurs, qui n'est du reste guère posée dans le domaine romanesque où l'on ne sait pas d'emblée quels sont les textes qui surnageront en faisant preuve d'une réelle « valeur littéraire », mais ça permet au moins à ceux-ci d'être diffusés en direction de publics différents ou nouveaux. Paul Otchakovski-Laurens, fondateur de la maison d'édition « P.O.L. », qui édite notamment Georges Perec et Valère Novarina, résume ainsi sa position :

> Alors, il faut prendre le problème autrement et se dire que quand on publie des poèmes ou des premiers romans, on ne les vend pas plus que des pièces de théâtre qui ne se jouent pas ou qui se jouent sans que l'éditeur en reçoive récompense. Donc, il faut faire son métier. Quand on reçoit des textes intéressants, que ce soit du théâtre ou autre chose, il faut éditer [...] Ou bien on se dit : il y a une crise, donc on ne peut pas publier de théâtre. Ou bien on se dit : puisque personne ne publie de théâtre contemporain français, il faut peut-être en faire, cela comblera un manque.
>
> *Le Compte Rendu d'Avignon, op. cit.*

Une série de compensations et d'incitations financières mises en place par les pouvoirs publics concourent à irriguer le délicat terrain de l'écriture et à faire en sorte que les auteurs ne soient pas les victimes des productions subventionnées, jouées moins longtemps, avec des recettes très inférieures à celles du théâtre privé, et qui rapportent donc beaucoup moins de droits aux auteurs. La tendance récente est d'ailleurs d'aider directement les auteurs, plutôt que leurs metteurs en scène, afin de leur laisser une marge de manœuvre dans le financement des productions.

2. Le rôle des lieux d'essai et de recherche

L'impact de « Théâtre Ouvert »

> « Une petite équipe débarque, le temps d'un festival, à Avignon. Sans décor, sans costumes, sans machinerie mais avec une poi-

gnée d'auteurs et de textes, de comédiens et de metteurs en scène. À l'invitation de Jean Vilar, ils prennent possession d'un nouveau lieu, la Chapelle des Pénitents Blancs. À leur programme : cinq mises en espace et deux lectures de textes... [...] On est en 1971. Ensemble, ils viennent de donner le coup d'envoi d'une nouvelle aventure : Théâtre Ouvert. »

Théâtre ouvert à Livre ouvert,
Rato Diffusion, 1988

Ainsi commence l'histoire de « Théâtre Ouvert », dirigé par Lucien et Micheline Attoun. Ce lieu d'essai, de recherche et de diffusion, devenu depuis Centre dramatique de création, a contribué à créer un rapport différent aux textes contemporains qui est devenu une sorte d'habitude culturelle. Il s'agit de faire entendre et de faire connaître des textes à travers différentes « formes légères » qui ne sont pas encore une vraie production mais qui confrontent le texte et la scène. Lectures à une ou plusieurs voix, mises en espace après douze jours de répétitions ; « cellules de création » rassemblant comédiens et auteurs autour d'une même pièce fraîchement finie ou en cours d'écriture ; « gueuloirs », première audition d'une pièce inédite choisie et lue par son auteur : ce sont autant de formules qui associent diversement créateurs et public à une réflexion autour d'une œuvre nouvelle. Théâtre Ouvert a institutionnalisé les pratiques de l'essai et de la découverte, en reprenant, développant ou inventant des formes adaptées à cela, à côté de missions d'édition et de création.

Bancs d'essai pour auteurs à l'essai ?

En l'espace de vingt ans, ces pratiques se sont répandues dans beaucoup d'institutions théâtrales et sont désormais monnaie courante. Salons de lecture, rencontres thématiques, chantiers d'écriture sont proposés par des théâtres, non sans parfois quelques ambiguïtés. S'agit-il toujours vraiment de provoquer la curiosité et l'intérêt du public autour d'œuvres nouvelles en suscitant ces « bancs d'essai », ou de se donner bonne conscience à moindres frais en évitant l'accès direct des textes contemporains à la création véritable, plus coûteuse et plus risquée ? Un auteur comme René Kalisky réagissait dès les années 70 en écrivant dans la revue ATAC-Informations qu'il refusait d'être un « auteur à l'essai ».

En fait, beaucoup de directeurs de théâtre souhaitent ainsi contribuer à la formation du public, moins nombreux à assister aux représentations d'auteurs inconnus, et à assurer une circulation de l'information autour des écritures. En l'espace d'une vingtaine d'années, plusieurs institutions organisent des « résidences » d'auteurs, des échanges d'auteurs francophones, des débats avec des écrivains vivants. Depuis quelques années, le Théâtre de la Colline et son directeur Jorge Lavelli se consacrent essentiellement à la création contemporaine.

L'année 1991 voit la naissance du Centre National des Écritures du Spectacle, installée à La Chartreuse en Avignon. Daniel Girard, son directeur, définit ainsi les intentions de son équipe dans le premier numéro de sa revue :

> « Donner à lire la trace de représentations éphémères ; définir la part de l'écrit dans la création ; interroger les formes, les genres, les évolutions ; parler du texte - dramatique ou non - qui provoque l'acteur, conduit le scénographe, traverse les corps et rencontre le public.
> Nous voulons [...] non pas défendre mais faire aimer, faire découvrir cette première existence, ce premier état de la création, toujours solitaire, avant le lever du rideau. »
>
> *Prospero,* 1991

Parallèlement, on assiste à la multiplication des studios d'écriture dramatique, dans les universités et les lieux de formation des théâtres, voire dans certains lycées où des élèves rencontrent des auteurs invités. Peu de ces ateliers ont réellement la visée de « professionnaliser » la formation, mais leur réussite est bien l'indice d'une évolution du rapport à l'écriture.

Vers une nouvelle image de l'auteur dramatique ?

Des années 50 à nos jours, nous sommes passés d'une image de l'écrivain de théâtre retiré dans sa tour d'ivoire et se confrontant épisodiquement aux chantiers des répétitions à celle d'un homme « public », même si certains le regrettent. Public, il l'est dans la mesure où l'écriture est davantage subventionnée, où l'État a pris le relais du mécène d'autrefois et où, entre les résidences et les commandes officielles passées par des metteurs en scène ou des compagnies, l'auteur se voit proposer des « temps d'"écriture" » qu'il rentabilise à son gré.

Il l'est également parce ce que son travail, ordinairement secret, voire alchimique, est exposé à plusieurs regards. À celui des autres artisans de la création théâtrale avec lesquels il est invité, sinon forcé, à dialoguer à l'occasion des différents « essais » qui lui sont proposés. À celui des futurs spectateurs conviés à débattre de sa création, voire à mettre leur grain de sel au nom de leur « réception » de l'œuvre nouvelle. Au regard d'apprentis et d'élèves quand il les rencontre lors de studios ou d'ateliers. À celui de toutes sortes de gens quand on l'invite à prendre son bâton de pèlerin et à fréquenter les lycées ou les maisons de jeunes, nouvel animateur par qui l'événement doit arriver par l'intercession de sa parole.

Il est enfin un homme public parce que son œuvre une fois représentée, on l'invite régulièrement à s'en expliquer.

Le tourbillon autour des écritures contemporaines participe d'une double intention pédagogique. Bien sûr, personne ne dit que l'on forme des écrivains talentueux ni que l'écriture s'enseigne réellement. Mais, implicitement, on attend de toutes ces confrontations publiques que l'auteur « apprenne » quelque chose, sinon qu'il « s'y apprenne ». Qu'il se rôde aux lois de la scène ou au dialogue avec le metteur en scène et les acteurs, qu'il « s'entraîne » en quelque sorte à l'écriture. À l'autre bout, on espère que le public s'apprivoise aux dramaturgies nouvelles, qu'il sorte éclairé de ces multiples rencontres.

Il est trop tôt pour savoir ce que l'on peut attendre de ces mesures ou de cet engouement. Il continue à exister des auteurs secrets et solitaires qui sont joués indépendamment de ces dispositifs.

Mais la crise des années 70 a laissé des traces durables. Les auteurs des années 90 sont souvent des personnalités du monde du théâtre, acteurs, metteurs en scène, conseillers littéraires, responsables de publications ou directeurs de troupes, exposés au théâtre tel qu'il se fait, compagnons de route de diverses aventures. Peut-être parce que le théâtre s'est refermé sur lui-même et sur les siens, peut-être parce qu'à la recherche de sa mémoire, il se souvient des « poètes à gages » du XVIIe siècle ou de l'ombre

de Molière. Ce ne sont plus tout à fait des « auteurs littéraires »,
pas pour autant des « écrivains publics » qui mettraient leur
plume au service de causes communes, mais de plus en plus souvent des hommes et femmes de théâtre qui s'assument écrivains.

Thèmes et écriture

Bertolt Brecht affirmait la nécessité « de se saisir des sujets nouveaux et de représenter les rapports nouveaux dans une forme dramaturgique et théâtrale nouvelle ». Il précisait :

> « Les catastrophes d'aujourd'hui n'offrent plus un déroulement rectiligne, elles se développent en crises cycliques ; les héros changent avec chaque phase, ils sont interchangeables ; le dessin de l'action se complique d'actions avortées ; le destin n'est plus une puissance monolithique ; désormais, on observe plutôt des champs de force traversés de courants contraires ; bien plus, les groupes de puissance sont non seulement pris dans des mouvements qui les opposent, mais soumis à des contradictions internes. »
>
> *Écrits sur le théâtre*

Un auteur comme Armand Gatti, grand expérimentateur de formes, affirmait de son côté que « chaque sujet possède une théâtralité qui lui est propre » et que « c'est la recherche des structures exprimant cette théâtralité qui forme une pièce ». Avec Jean-Pierre Sarrazac, qui pose dans *L'Avenir du Drame* « qu'il ne suffit pas, au théâtre, de dire des choses nouvelles » mais « qu'il faut encore les dire *autrement* », nous choisissons de faire la part belle, dans notre étude des œuvres, aux innovations formelles, en ce qu'elles révèlent le souci des auteurs de rendre compte de l'évolution du monde.

On ne cherchera pas pour autant un indice de modernité dans tout formalisme systématique qui pourrait se révéler stérilisant quand la machine compliquée ainsi mise en place tourne à vide. Mais il semble impossible d'examiner les œuvres contemporaines sans être sensible à la manière dont les auteurs inscrivent leurs discours dans des architectures qui rendent déjà compte du contenu. La dramaturgie ne peut faire l'impasse d'une réflexion sur les agencements du dialogue, sur l'éclatement du temps et de l'espace, sur l'évolution de la notion de personnage, sur les diverses façons de saisir les modifications d'un langage moins que jamais nappé par un *sujet unificateur*. Les fragments de texte cités ne rendent pas compte de la totalité du paysage dramatique actuel, plus large qu'on ne l'imagine. Ils viennent seulement à l'appui d'une réflexion qui doit se développer par des lectures plus complètes.

I. Les avatars du récit

Dans son théâtre devenu un modèle (ou un antimodèle), Brecht a imposé des formes épiques radicales. Beckett, lui, a nettoyé peu à peu la fable de toute anecdote et il l'a centrée sur ce qui est pour lui essentiel, la présence de la mort. Il a imposé au récit traditionnel un régime amaigrissant impitoyable jusqu'au point de faire peser la menace permanente du silence définitif.

Difficile, après ces deux grandes figures, de se poser à nouveau et de manière innoncente la question de « comment raconter ? » et de « quoi raconter ? ». Les modèles dramatiques anciens, aussi chargés de sens que leurs bons vieux récits unificateurs, en avaient pris un coup. Le théâtre de l'après ces deux pères se trouvait hériter simultanément, ou presque, du poids du récit épique et de sa troublante simplicité dans le rapport au spectateur, et de l'inquiétante légèreté de dialogues épurés puis de monologues fragiles et balbutiants qui s'épuisaient à raconter toujours la même histoire, celle de notre fin. Il fallait repartir et tout jeune dramaturge pouvait se demander sur quel pied et comment il fallait réenfiler l'habit un peu mité du raconteur d'histoires, du moins s'il estimait que le théâtre ne peut pas tout à fait se passer de fable.

1. La perte du grand récit unificateur

La période postmoderne, écrit Jean-François Lyotard dans *La Condition postmoderne*, sonne la fin des « grands héros, des grands périls, des grands périples et des grands buts ». Il analyse la fin des grands récits comme liée à la prééminence ancienne de la forme narrative dans la formulation du savoir traditionnel.

Notre société se soucie davantage d'originalité que d'héritage, pourrait-on ajouter, dans la mesure où il s'agit moins pour l'œuvre d'art d'être entendue en termes de légitimation qu'en termes de rupture. Là où les dramaturges classiques reprenaient les grands récits fondateurs, mythiques ou moraux, en retravaillant leurs sources dans la perspective des valeurs de leur société, les dramaturges postmodernes et leurs lecteurs « savent que la légitimation ne peut pas venir d'ailleurs que de leur pratique langagière » dit encore Lyotard.

On chercherait en vain, aujourd'hui, à dresser la liste des « sujets », tragiques ou non, ressentis comme assez unificateurs ou fédérateurs pour une société peu préoccupée d'exemplarité et bien en peine de définir où se situe son unité. Enzo Cormann qui reprend un *Roman Prométhée* (Actes Sud Papiers) ainsi qu'Heiner Müller avec également un *Prométhée, Rivage à l'abandon Matériau-Médée, Paysage avec Argonautes* et *Hamlet-Machine* (Minuit) font figure d'exceptions. Encore ne se réfèrent-ils aux grands récits du passé que pour mieux les dissoudre dans la multiplicité des points de vue ou pour laisser planer le plus grand doute sur le sens du mythe et sur son « utilité » aujourd'hui. Müller accepte, par exemple, dans une interview à la revue Théâtre/public en 1983, que Médée soit aussi bien « une citoyenne de la RDA qui se laisse attirer à l'Ouest par son amant, une Tchèque qui, en 1968, se commet avec un occupant russe, une Vietnamienne qui sort avec un yankee », avant d'ajouter lui-même qu'« elle peut aussi bien être une Turque en RFA. Tout ce que vous voudrez », et que l'éventuelle compréhension du spectateur « n'est pas (son) problème ».

Indépendamment de la part de provocation, il est difficile de voir là des modèles de « récits exemplaires » prescriptifs à l'intérieur d'une société donnée.

Le théâtre raconte encore, mais de moins en moins sur le mode de la prescription et de l'adhésion. Les points de vue sur le récit sont multipliés ou se dissolvent dans des fables ambiguës. Le récit contemporain qui subsiste après avoir laissé bien des spectateurs pantois est sans doute celui d'*En attendant Godot*, des deux clochards en haillons et chapeaux melon perdus dans un paysage indéterminé, en attente d'un Godot indéfinissable et qui

ne viendra jamais, inquiets cependant, comme leurs cousins de
Fin de Partie, de courir le risque de « signifier quelque chose ».

2. L'écriture dramatique discontinue et les limites du goût pour le fragment

Peut-être sous l'influence directe de Brecht, et celles, plus loin-
taines, dès le XVIIIe et le XIXe siècle, de Büchner, Lenz et Kleist,
beaucoup d'auteurs contemporains choisissent de raconter par
tableaux successifs, disjoints les uns des autres, et parfois titrés.
Brecht écrivait en 1948 dans *Petit organon pour le théâtre*
(§ 67) :

> « Afin que le public ne soit surtout pas invité à se jeter dans la
> fable comme dans un fleuve pour se laisser porter indifféremment
> ici ou là, il faut que les divers événements soient noués de telle
> manière que les nœuds attirent l'attention. Les événements ne
> doivent pas se suivre imperceptiblement, il faut au contraire que
> l'on puisse interposer son jugement. [...] Les parties de la fable
> sont donc à opposer soigneusement les unes aux autres, en leur
> donnant leur structure propre, d'une petite pièce dans la pièce. À
> cette fin, le mieux est de se mettre d'accord sur des titres [...] »

L'écriture dramatique discontinue par fragments titrés est une
tendance architecturale des œuvres contemporaines, bien que
l'intention brechtienne primitive se soit souvent dissoute dans le
rapport à la fable, comme nous le verrons. Ces effets de juxtapo-
sition des parties sont recherchés par des auteurs très différents
qui les appellent scènes, fragments, morceaux, mouvements, en
se référant explicitement comme le fait Vinaver à une composition musicale, ou plus implicitement pour d'autres auteurs, à des
effets de kaléidoscope ou de prisme. L'attention porte donc sur
les *nœuds* entre les parties comme le souligne Brecht, nous pour-
rions dire sur les arêtes vives qui marquent les séparations et
entaillent le récit d'autant de vides narratifs que l'effet de montage comble à sa façon en proposant un ordre, ou au contraire, en
accusant les béances, en produisant un effet de puzzle ou de chaos
dont l'éventuelle reconstitution est laissée en partie à l'initiative
du lecteur.

Dans *La bonne vie* (1975), Michel Deutsch appelle successivement les 13 scènes, « Le bonheur, Qu'est-ce qui se passe,

Secoué par des fièvres inconnues, Je vous crache au visage avec
plaisir, Au cœur de la forêt vierge, Vous ne savez pas ce que vous
dites, Le jour décline, L'imagination travaille, ne t'en fais pas,
The origin of species, Vous ne la voyez pas, Je n'arrive plus à me
souvenir de son nom, Le sang pourpre de ton amour, Holly-
wood. » On y chercherait en vain une organisation unitaire.
Michel Vinaver utilise fréquemment ce type de découpage (il
parle d'ailleurs de « jointures ironiques »), les morceaux étant
parfois titrés, parfois non. Dans *Nina, c'est autre chose* (1976),
les douze morceaux de la pièce s'intitulent : « L'ouverture du
colis de dattes, le rôti de veau aux épinards, L'arrivée, Le châle,
Au cinéma, Les tentures, Le champ libre, La baignoire, La partie
de cartes, L'éveil, Le départ, La visite. » On y reconnaît des
actions spécifiques, des charnières narratives comme l'arrivée et
le départ de Nina, mais aussi des titres plus sibyllins qui attirent
l'attention sur des objets concrets qui n'entrent pas d'ordinaire
dans une syntaxe narrative.

Daniel Besnehard numérote systématiquement les tableaux de
quelques-unes de ses pièces, comme *Mala Strana, Neige et
sables, Arromanches* (1985) et, s'il ne les titre pas, il accorde
assez d'importance à ce découpage pour ne donner qu'une indication scénique et aucun dialogue sous le fragment XIV de *Mala
Strana* : « La pièce est absolument vide. Dans le silence. » C'est
assez dire que les parties peuvent être d'importance très inégale et
qu'il n'y a pas de recherche d'équilibre dans la composition.

Le fragment devient parfois un système d'écriture qui n'a plus
rien à voir avec le projet brechtien de décomposer pour recom-
poser. « Par rapport à Brecht, le renversement est absolu » écrit
Georges Banu dans *Le théâtre, sorties de secours* : « tandis que
chez lui le fragment devait renouveler les énergies nécessaires à
l'accomplissement du Nouveau Monde, cette fois-ci le fragment
surgit sur le fond des doutes que l'on a d'accéder à ce monde. » Et
il ajoute :

> « Après avoir fait du fragmentaire un symptôme de la modernité
> tout autant que de la lucidité, on découvre que la complaisance
> peut le guetter. La complaisance du petit qui s'assume comme tel,
> du non-fini, bref d'une faiblesse qui se reconnaît trop facilement
> dans les pratiques fragmentaires. »

Ce mode de découpage, s'il est le signe d'une volonté d'attaquer le monde par la brisure, par le biais du silence et du non-dit

au lieu de chercher à l'unifier *a priori* dans une vision totalisante ou bavarde qui le raconterait avec autorité, pose en effet le problème du rapport à la fable et de la façon dont un point de vue se reconstitue à la lecture. Nous sommes amenés à distinguer une dramaturgie où le découpage relève réellement d'un projet et d'une idéologie du récit, où les morceaux entrent donc dans une structure qui finit par « faire sens », et une pratique du fragment qui relève de l'abandon du point de vue et finalement de l'impossibilité d'accéder à toute vision ordonnée. Un soupçon finit par peser sur les dramaturges de l'émiettement quand le fragment devient effet de mode, celui de n'avoir plus rien à dire. Ainsi, dans *Pandora*, journal du Théâtre de la Commune d'Aubervilliers, un Revizor s'adresse à François Regnault, dramaturge attaché à la Compagnie, et pose les questions qui agitent semble-t-il le début des années quatre-vingt-dix :

> « REVIZOR. – Nous voulons des règles nouvelles.
>
> REGNAULT. – Ayez-en donc ! Mais moi, je ris de voir ces fragments multipliés d'œuvres prônant la décomposition, et qui se copient toutes, et qui croient dépeindre la charogne avec de la charpie.
>
> REVIZOR. – Seule chance pour qu'advienne à pas de colombe l'œuvre à venir.
>
> REGNAULT. – Je maintiens que seul le chantier, ne fût-ce que la pose d'une pierre sur une autre, est une preuve d'art. Et non pas de casser encore les cailloux. »

On peut y voir, par un retour dont l'histoire des arts est coutumière, la constatation qu'une limite a été atteinte dans l'usage de la « charpie » et du « cassage de cailloux » et qu'il est temps de revenir à des œuvres « construites » et donc à des formes plus classiques. Regnault s'interroge aussi sur le savoir-faire d'auteurs qui ne procéderaient par fragments que parce qu'ils sont incapables de maîtriser le « grand œuvre ».

Mais la frontière est difficile à tracer si nous cherchons trop vite à redonner pleine autorité au sens unificateur. Tout, en fait, dans ce type d'écriture, est dans l'intérêt des jointures, et dans ce qui est gagné au montage par la subtilité de l'agencement. Le fragment devient un effet de mode quand le montage n'offre aucune solution satisfaisante et que nous avons l'impression de nous trouver face à une écriture abandonnée, comme ouverte à tous les vents. L'entassement en vrac d'éclats hétérogènes ne produit pas nécessairement une œuvre, pas plus que le découpage traditionnel du récit ne garantit sa force et son intérêt. Nous manquons de recul pour porter un jugement brouillé par le maniérisme des épigones ; c'est insuffisant pour rejeter en bloc ce mode de découpage.

3. La vogue des monologues et le théâtre comme récit

Sans doute pour des raisons économiques, les « petites formes », des pièces brèves pour un petit nombre de personnages et parmi celles-ci, bon nombre de monologues, règnent sur les dramaturgies des années 70-80. Au-delà des contingences de la production, ces pièces pour un seul acteur favorisent le témoignage direct, mais aussi le récit intime, la livraison des états d'âme sans confrontation avec un autre discours, quand la scène devient une sorte de confessionnal plus ou moins impudique, propice aux numéros d'actrices et d'acteurs. Le monologue renoue aussi avec les traditionnelles « parleries », comme dans le cas de Dario Fo qui s'adresse directement au public sans l'écran d'une fiction établie. Quand on recense les œuvres, on constate aussi qu'il s'agit parfois d'une première pièce, comme si l'auteur renâclait un moment devant l'obstacle du dialogue à venir.

L'ombre de Samuel Beckett veille aussi sur ce territoire où la mémoire s'épuise à reconstituer des lambeaux du passé, en ressasse longuement les contours, en remâche en boucle les incertitudes et traque les éclairs de lucidité avec une issue prévisible dès les premières paroles : la mort imminente. Dans *Solo*, publié en 1982, Beckett nomme son personnage « récitant » et le rend « à peine visible dans la lumière diffuse » :

> « Sa naissance fut sa perte. Rictus de macchabée depuis. Au moïse et au berceau. Au sein premier fiasco. Lors des premiers faux pas. De maman à nounou et retour. Ces voyages. Charybde Scylla déjà. Ainsi de suite. Rictus à jamais. De funérailles en funérailles. Jusqu'à maintenant. Cette nuit. Deux billions et demi de secondes. Peine à croire si peu. Né au plus noir de la nuit. Soleil depuis longtemps couché derrière les mélèzes [...]. »

Quelques-uns de ces « dramaticules » comme les nomme Beckett laissent une place à un autre personnage chargé d'écouter, comme une ombre déléguée pour assister de plus près aux ultimes balbutiements, ainsi dans *L'impromptu d'Ohio* où le personnage se dédouble entre E (Entendeur) et L (Lecteur), « aussi ressemblants que possible ». Dans *Berceuse*, le relais se passe entre une Femme (F) dans une berceuse et sa voix (V) enregistrée.

On peut considérer ces œuvres comme les ultimes avatars du solipsisme, quand le moi individuel dont on a conscience est toute la réalité. On peut les examiner aussi comme des « récits de vie » où le sujet parlant s'efforce en direct de faire le point sur son existence, souvent en période de crise, témoignant ainsi d'une situation sociale ou individuelle particulière susceptible de concerner le plus grand nombre. Du *Journal d'une infirmière* (1970) d'Armand Gatti à *Credo* et *Le Rôdeur* (1982) d'Enzo Cormann en passant par *La Nuit juste avant les forêts* (1977) de Bernard-Marie Koltès et *Regarde les femmes passer* (1981) d'Yves Reynaud, le champ des possibles s'ouvre sur des variations de la situation dramatique et sur la nécessité de la parole donnée à partager. La part de monde extérieur ainsi mise en jeu varie à chaque fois.

La force dramatique du monologue et ses enjeux idéologiques ne sont évidemment pas les mêmes dans toutes les situations de parole. Sa version la plus archaïque, popularisée à outrance par des « diseurs » de tout poil que la presse a appelés les « nouveaux comiques », s'appuie sur la confrontation directe et plus ou moins faussement improvisée d'un individu et d'un public. Comme sommé d'agir, l'acteur se met à parler. Serge Valletti rend compte ironiquement et avec une naïveté feinte dans son « Introduction » aux *Six solos* (Christian Bourgeois, 1992) du plaisir et du risque de ce face-à-face avec le public :

> « Alors j'étais là, je ne demandais rien à personne et puis d'un coup je me retourne, je me mets à chercher dans mon cerveau des choses qui pourraient être intéressantes et puis d'un seul coup je me retourne et je vois des rangées de types et de femmes qui me regardent. Je me dis c'est de la danse, ils veulent que je leur fasse de la danse et puis non, non, au bout d'un moment je sens bien qu'il n'y a pas de musique, je me dis en moi-même car ça m'arrive souvent de me dire en moi-même, non ce n'est pas de la danse. [...] alors je me dis, donc, ça doit être quelque chose de beaucoup plus compliqué ; ils veulent que je leur fasse le cinéma, les histoires, le toutim, c'est ça ? Ils le veulent. »

Un tel filon, proche du music-hall, mime l'absence totale de fiction préméditée. Il a des racines populaires incontestables bien que certains de ses avatars récents le conduisent au trucage systématique et à une série d'effets.

Quand il s'agit d'une fiction, il arrive que le monologue travaille sur la mémoire d'un personnage qui se livre alors à une sorte de méditation intérieure, à un recensement minutieux de souvenirs, sommé cette fois par une nécessité intime dont le public, par convention, est exclu. Il s'établit une sorte de dialogue entre soi-même et soi-même ; le régime juste de la parole y est difficile à trouver, entre l'impudeur de la vraie solitude et les nécessités de la théâtralité. Dans *Credo* de Enzo Cormann, la femme évoque son père tout en s'adressant à un personnage présent-absent (à elle-même ?) que le jeu des pronoms contribue à rendre équivoque chez un personnage en quête de son identité :

> « J'aimais regarder boire mon père, et quand tu bois, je sais que tu n'es pas lui.
> Lui buvait avec respect. Toi tu bois parce que tu as soif. Tu as toujours eu soif. Tellement soif...
> Tu bois et tu rotes. Papa ne rotait jamais.
> Ça n'a pas empêché sa femme de mourir d'ennui. Sa femme...
> C'est drôle, on ne disait jamais « maman » ; on disait « vous ». Et c'est peut-être parce qu'il était interdit de commencer une phrase par « je ». [...] »

Le monologue peut aussi être imposé par la situation, comme dans *Le Sas* de Michel Azama *(Avant-Scène n° 847)* où une femme emprisonnée pendant seize ans raconte sa vie quelques heures avant sa sortie.

Le témoignage social, comme dans *Le Journal d'une infirmière* de Gatti (un personnage parle pour un groupe ou rend compte de son existence professionnelle et exprime plus ou moins directement des revendications) a été progressivement relayé par une exploration des territoires privés.

Dans *La Chute de l'Ange rebelle* (Théâtrales, 1990), Roland Fichet raconte dans un monologue de vingt-neuf morceaux, présenté par C. Stavisky :

> « l'histoire d'un homme qui, pouvant rêver qu'il est un ange, rêve qu'il n'est qu'un homme.

Ou plutôt nous rêvons qu'il est un ange.
Ou alors, il rêve que nous sommes des hommes.
Ou des femmes.
Ou, en tout cas, ceux qui lui survivront, et qui pourront raconter
son histoire. »

Valère Novarina se livre dans des textes ambitieux et pléthori-
ques à d'étonnantes variations sur la forme du récit de vie. Dans
ce cas, le monologue apparaît comme la seule forme possible ; la
manifestation d'une parole essentielle, quasi-religieuse, même si
l'humour n'est pas exclu du *Discours aux animaux* (1987) :

> « Nuit du 37 janvier au 60 octobre.
> Un homme a qui il n'est rien arrivé est-il possible ? Je suis
> l'Homme à qui il n'est rien arrivé ; j'aime mieux me taire que de
> pas parler. Il est là, il a parlé ! Qui es-tu, toi qui es ? Le cent
> quinze milliardième huit cent quarante-six millionième cent
> trente-sept millième quarante-troisième-second-premier homme
> humain : né le trois cent quatre-vingt-sept milliards cinquante-
> quatre millions sept cent quatre-vingt-dix-huit mille trois ans
> trois cent trois jours de suite. Je suis né en jour en. Sur la terre qui
> me supporte comme elle peut. »

Les monologues ont été relayés et soutenus par la vogue du
théâtre-récit, tout texte non dialogué et pas forcément prévu pour
le théâtre trouvant place sur la scène sans adaptation préalable dès
lors que le metteur en scène en envisageait le traitement appro-
prié.

Le monologue peut être pris comme une sorte de limite de
l'écriture dramatique, parfois irritant par le narcissisme qu'il
dévoile quand il est traité avec ingénuité, bien qu'il fascine souvent le public par le sentiment de la prise de risques de l'acteur.

Mais le monologue est une sorte de forme première du théâtre.
Jean-Pierre Sarrazac dans *L'Avenir du drame* a fait du mot
« rhapsode » une des clefs de sa réflexion, en rappelant qu'il
s'agissait « du nom donné à ceux qui allaient de ville en ville
chanter des poésies et surtout des morceaux détachés de *l'Iliade*
et de *l'Odyssée* ». Cette capacité à dire des morceaux « détachés » et parfois « recousus » et comme « raccommodés » est
réexplorée avec liberté par les auteurs contemporains.

4. Variations autour du monologue : entrecroisements et alternances

La forme commune du monologue (un texte pour un personnage joué par un acteur) est parfois reprise de manière plus complexe. Des œuvres entrecroisent les monologues successifs de
plusieurs personnages qui ne se rencontrent que fugitivement ou
même jamais et dont les points communs éventuels ne sont pas
donnés d'emblée. Ces monologues proposent des points de vue
multiples sur une même réalité, reçue ou vécue diversement. La
fable se construit par l'agencement de ces voix qui se recoupent
parfois de manière évidente ; parfois les recoupements éventuels
sont laissés à l'initiative du lecteur ou du spectateur.

Bernard Chartreux utilise cette forme dans *Dernières Nouvelles de la Peste* (Théâtrales, 1983). Celui qui était alors le dramaturge du Théâtre National de Strasbourg en avait également
fait l'expérience dans *Violences à Vichy* (Stock ; Théâtre Ouvert,
1980). En fait, ce ne sont plus des « monologues » au sens où
l'entend la dramaturgie courante, mais une série de textes
empruntés à des registres d'écriture très différents. Dès la première scène, dix-huit Londoniens entreprennent de rendre compte
de leur ville ; plus tard, Chartreux fait intervenir un prêtre et plus
tard encore, il propose un « collage-montage » des litanies de la
Vierge. Des greffiers, des savants, des « créatures » parlent dans
leur langage, parfois très technique, et apportent donc leur point
de vue sur la peste. Certains textes ne sont même pas précédés de
l'indication de leur énonciateur. Une série de textes, intitulée
« Les Conférences » et commençant ordinairement par « Chers
amis, avant de poursuivre... » viennent de la zoologie ou de la
métaphysique et interviennent comme autant d'intermèdes sans
relation directe, du moins en apparence, avec ce que l'on pourrait
considérer comme l'essentiel du propos.

Chartreux explique comment il a essayé de tout dire des dernières nouvelles de la peste, en partant de Daniel Defoe et de la
peste de Londres en 1665 en avant-propos à l'édition du texte :

> « [...] on va pouvoir tout dire. Car il faut tout dire. Il y a urgence
> de tout dire, obligation morale de dire tout ce qui peut s'en dire

- car on se doute bien que le principal, l'essentiel, le cœur du
sujet, on risque de le laisser filer, enfin peut-être pas filer mais
pour ce qui est de l'épingler en plein cœur on n'y compte pas
trop -, on ne doit rien négliger de ce matériel un peu secondaire,
un peu accessoire, un peu accidentel, de rebut (ces noms - de rues,
d'églises, de quartiers, de gens, de potions... -, ces chiffres - de
morts, de vivants, de chiens, de chats, de barils... -, ces règle-
ments, ces édits, ces formules, ces recettes, ces prières, ces com-
pilations, ces traités...), il faut prendre tout le lot, tout garder,
aurait-on les moyens de faire la fine bouche, aurait-on autre chose
à pouvoir dire ? j'insiste, dire. Non. Hélas ou tant mieux, peu
importe, c'est non. »

Il s'agit sans doute d'un exemple limite d'un montage hétéro-
gène de textes auxquels on accorde le statut de monologue parce
qu'ils n'entrent pas dans les catégories du dialogue, qu'ils
confinent parfois au récit et qu'ils sont plutôt dirigés d'emblée
« vers » le lecteur ou le spectateur. On pourrait parler d'une sorte
d'objectivité empruntée au nouveau roman s'il n'y avait pas aussi
cette urgence de « tout dire » et la présence théâtrale d'énonciateurs qui relaient les textes et les dirigent vers le public sans qu'ils
aient la plupart du temps une identité psychologique. Dans le
texte de Chartreux comme dans sa présentation on retrouve la
tentation d'auteurs dramatiques qui, sachant qu'ils ne pourront
« épingler l'essentiel » pour traiter le sujet, comme diraient les
classiques, ont une sorte de vertige devant la multitude de paroles
qui s'offre à eux et l'envie irrépressible de les faire s'entrechoquer pour qu'elles parlent d'elles-mêmes. Dans ce cas, le
monologue est la forme par défaut qui traduit le mieux la diversité
des paroles, non pas marginales mais excentrées, avec cette
obsession d'en oublier, les petites ou celles qui ne servent à rien,
mais, sait-on jamais, qui contribueraient au grand « dire » final.
Ces monologues traduisent aussi le désir de réintroduire au théâtre une parole technique, socialement exacte, presque photogra-
phique.

Bien sûr, on aboutit à des formes hybrides et parfois mons-
trueuses, bien loin du « bel animal » d'Aristote et des antiques
soucis de la composition. Les monologues-parleries, comme dit
Jean-Pierre Sarrazac, reprennent le principe d'une parole épique
sur laquelle nous reviendrons.

Philippe Minyana propose des croisements de monologues
dans *Chambres*, dans *Inventaires* ou dans *Les Guerriers*.

Dans *Chambres* (1986, Théâtrales, 1988), Philippe Minyana enchaîne six monologues de six personnages différents, cinq femmes et un homme, chacun dans une chambre de la région de Sochaux. Ils n'ont rien en commun du point de vue du récit, mais ils cherchent tous, par la parole, à retrouver à quel moment ils ont perdu pied. Cette fois, l'effet de montage est réduit à sa plus simple expression puisqu'il s'agit simplement de l'accumulation de six récits de vie, de six destins avec un dénominateur commun, la solitude traduite ici dans l'isolement d'une chambre. L'effet d'accumulation annule la dimension d'exception du monologue psychologique et réintroduit un cadre social à ces destins croisés. Kos est à la recherche de son frère Boris, mort dans un hangar, en s'aidant d'un fait divers de l'Est Républicain. Elisabeth voudrait devenir une « miss » pour concourir contre les miss America. Sa mère a été « madelon » à Nancy comme le rappelle une photo de l'Est Républicain. Arlette est devenue infanticide parce qu'on voulait lui reprendre son Lulu. Ainsi se développent les monologues, entre faits divers, réalité et rêves des personnages qui, chacun dans leur chambre, essaient de comprendre ce qui leur arrive et à se situer dans le monde.

Minyana reprend plusieurs fois le même principe dans différents textes, même si les intentions diffèrent ou s'il arrive que les personnages nouent un fugitif dialogue. Le montage prend comme point de départ un même espace (la chambre), un événement fédérateur (la guerre de 14-18, dans *Les Guerriers*, 1988) ou fait confiance à l'identité des personnages (plusieurs femmes confrontées à leur destinée dans *Inventaires*, 1987).

Les Guerriers est un essai de mise au point pour chacun des personnages après un événement majeur, la guerre. Comment, donc, continuer à vivre sans sexe, sans main, sans parents, sans ennemi, sans amour et l'exposer sans pathétique excessif ? La nécessité de ces récits de vie monologués passe cependant par l'événement fédérateur qu'il s'agit en définitive de nommer. C'est donc la guerre qui est racontée de biais par des personnages qui l'ont vécue, mais ils racontent *après l'événement*, sans que le drame de la situation immédiate soit montré sur scène. Ces récits de vie successifs construisent une histoire commune dans l'Histoire, littéralement ici « après la bataille ».

Dans une toute autre veine, Jean-Pierre Sarrazac croise en échos serrés dans *Les Inséparables* (Théâtrales, 1989) deux monologues, celui du « Vieil homme dans la cuisine » et celui du « Vieil homme dans la chambre », qui alternent et se répondent comme par accident grâce à l'effet de montage. L'un attend la visite du fils, l'autre s'éveille, tous deux vaquent à leurs occupations dans la maison séparée en deux, et ils apparaissent progressivement comme deux figures d'un même personnage en attente de la mort.

L'usage des monologues après l'événement ou en dehors de l'événement exclut les situations trop fortes, diminue ou élimine la part du dramatique. Celui qui raconte peut revivre avec force ce qu'il a vécu, il n'en est pas moins coupé de ce que son passé imposait de plus pathétique. Le montage de plusieurs récits de vie impose un temps théâtral de la mise au point, de la réflexion et de la prise de distance.

5. L'alternance de monologues et de dialogues

La vogue du théâtre-récit et des textes monologués ainsi que la mémoire du théâtre épique conduisent à des formes hybrides qui alternent dialogues laconiques et monologues-fleuves, gonflent la réplique en tirade sans réponse ou en dialogue monstrueux où chacun parle jusqu'à l'essoufflement sans que l'on soit sûr qu'il s'adresse encore à un interlocuteur scénique, alors que c'est bien le cas. Ainsi, le très curieux « dialogue » de Bernard-Marie Koltès, *Dans la solitude des champs de coton* (Minuit, 1986) évoqué dans le premier chapitre, dans lequel le dealer et le client alternent de très longues répliques qui s'apparentent à des discours rhétoriquement construits où chacun reprend, quand son temps est venu, les arguments de l'autre qui résonnent comme un écho. Au « si vous marchez dehors, à cette heure et en ce lieu, c'est que vous désirez quelque chose que vous n'avez pas, et cette chose, moi, je peux vous la fournir » du dealer répond, quelques pages plus loin, le « Je ne marche pas en un certain endroit et à une certaine heure ; je marche, tout court, allant d'un point à un autre, pour affaires privées qui se traitent en ces points et non pas en parcours ».

La liberté formelle est à peu près totale dans les constructions, et paradoxalement certains textes modernes retrouvent l'usage de la stichomythie classique qui fait claquer les répliques vers à vers dans les affrontements mémorables, aussi bien que celui de la longue tirade qui autorise les déplacements ou les mises au point. Pourtant, et nous le verrons de plus près quand nous en viendrons aux règles de l'énonciation, un élément de taille a changé, c'est la place du destinataire, lecteur ou spectateur, dont la présence devient prépondérante chaque fois que recule le strict usage de la forme dramatique, sans que l'on soit pourtant sûr que l'écriture ait franchement adopté la forme épique. Quelque chose a changé dans la communication théâtrale avec cette liberté formelle ; les auteurs ne se sentent plus tenus d'entrer dans aucun moule, ils se situent parfois dans un entre-deux dramaturgique qui contribue au désarroi du lecteur s'il n'est pas habitué aux écritures hétérogènes. Le succès des textes de l'Allemand Heiner Müller est venu légitimer des textes qui croisent monologues et dialogues, formes dramatiques et formes épiques en cours d'hybridation.

Dans *Usinage* (Théâtre Ouvert/Enjeux, 1984), Daniel Lemahieu introduit brusquement le personnage de Marie-Lou qui monologue en racontant littéralement sa vie entre les différentes scènes de « tables » qui rassemblent la famille. Ce personnage est sans lien direct déclaré avec les autres personnages, sinon celui, très indirect, d'une sorte de « misère parallèle » ; aucun contact n'est prévu tout au long de ses interventions, un peu comme si elle se promenait dans le texte et n'intervenait que pour construire à son gré le récit de sa vie dans une forme aux antipodes de celle, plutôt réaliste, adoptée pour le reste du texte, dont voici un bref échantillon :

> « C'est dans les fermes. Avec les vaches. C'est dans l'étable ma naissance. Comme le p'tit Jésus. Mais alors en Belgique. Près de la frontière. Là où il y a encore un château. Maman, à l'hôpital. Elle est morte à 115 kilos. Elle pesait 115 kilos alors nous. Pis elle était toute paralysée. [...] »

Il ne s'agit pas d'une forme épique, nous sommes toujours dans une fiction, mais dans une fiction où le « régime » a brusquement changé pour une adresse directe aux spectateurs à travers des rendez-vous réguliers qui dureront jusqu'à la fin de la pièce. Lemahieu use d'ailleurs largement de longs monologues plus ou moins déconnectés de la fable principale dans plusieurs de ses textes, notamment dans *Djebbel*.

Passagères de Daniel Besnehard (Théâtrales, 1984) commence par un « Songe d'Anna » comme le précise la didascalie :

> « *Une femme, belle dans son âge, frotte le parquet. Les gestes du travail dépliés, en regard. Elle se parle.*
> ANNA. – Georg
> Les hommes dansent
> Là-haut, sur le pont
> Les femmes sont rares
> Là-haut
> Et l'ivresse
> Mes nerfs ne tremblent pas de joie mais de peur à l'idée de la danse
> Un jour clair et triomphal
> Sous la lumière de Crimée
> Je dansais
> Dans la terre noire
> L'acacia refleurit
> Chauffé par le soleil
> Je danse et toi tu composes le gâteau
> Celui de Pâques avec les raisins
> Je lèche tes doigts, Georg
> Tout à l'heure, un matelot est descendu
> Il s'approche de moi
> Sa culotte tombe sur ses bottes
> Ôte tes mains de tes yeux
> Regarde ta chair qui s'avarie
> Pouacre. [...] »

Un peu plus loin, à la fin de ce monologue, arrive Kathia et commence le dialogue :

> « ANNA. – Vous avez marché dedans, je lave.
> KATHIA. – Ce n'est pas moi.
> ANNA. – Vos semelles ?
> KATHIA. – Nettes, vous voyez.
> ANNA. – Qui d'autre ? Vous les avez essuyées sur le paillasson.
> La pancarte, vous ne l'avez pas lue.
> Circulation interdite entre 6 et 7. »

Changement de régime, là encore, même s'il est moins déconcertant par le maintien du même personnage. Mais le monologue intérieur hésite entre le récit d'événements antérieurs, une adresse à Georg, l'évocation lyrique du passé, tandis que le jeu prévoit l'activité concrète de lavage du parquet. Plusieurs « songes d'Anna » rythment ainsi le texte, construisant dans les monologues à la fois informatifs et lyriques la fable fragile des amours passées.

Dans *Le Renard du Nord* de Noëlle Renaude (Théâtrales, 1991), un personnage, Mme Kühn, s'adresse au spectateur pour se présenter directement :

> « Je suis Mme Kühn. Mariée à un monsieur Kühn. Paul Kühn. Paul Kühn exactement. Otto est un ami de longue date de mon époux. Je suis la maîtresse d'Otto. Une maîtresse de longue date également. Otto me trompe. Je peux tout à fait dire avec qui. Rita Bergère. La preuve ? Une femme sait toujours intimement ce genre de choses. L'instinct. Ma mère m'a transmis ce talent. [...] »

À la fin du monologue, elle annonce l'arrivée de son mari par « Mais voici Paul. Bonsoir Paul. » Paul entre dans un bref dialogue, annonce l'arrivée d'Otto pour dîner et sort, ce qui entraîne un nouveau monologue de Mme Kühn, interrompue cette fois par l'arrivée d'Otto qu'elle annonce à son tour.

L'effet comique de ce rapport au public successivement accepté et annulé n'est pas vraiment déroutant puisqu'il appartient presque à la tradition de l'aparté. Mais il s'agit d'une sorte d'aparté très long et qui prend la forme d'une adresse brechtienne au public quand Mme Kühn se raconte et s'explique, sans que nous sortions pour autant de la fiction. L'alternance des régimes permet ici au personnage de faire entrer le public dans le jeu en le mettant dans la confidence et très largement de son côté. Tout se passe comme si l'adresse brechtienne était passée dans l'usage ordinaire.

La liberté narrative est largement revendiquée par les auteurs contemporains pour lesquels il n'existe plus guère de forme idéale ou de modèle de construction. Il est cependant frappant de constater que des modes d'écriture empruntés à la tradition brechtienne sont réutilisés hors de tout contexte politique et que le récit en fragments, typique d'une façon de concevoir la réalité, a été repris sans que des intentions idéologiques y soient perceptibles. Il y a une trentaine d'années, la ligne de séparation entre le dramatique et l'épique était parfaitement tracée, et l'opposition entre Aristote et Brecht était théorisable. Tout se passe comme si un mélange de formes était concevable dans le traitement du récit sans qu'il corresponde à une coupure idéologique nette. Le traitement épique du récit, longtemps chasse gardée des auteurs politiquement engagés, est comme passé dans le domaine public au prix d'une simplification et parfois d'un abâtardissement.

L'établissement de la fable, pièce maîtresse du théâtre politique qui proposait un récit exemplaire à la réflexion du public, a perdu de son importance. Nous sommes passés à des fables ambiguës ayant pour ambition d'accorder au lecteur et au spectateur une place capitale dans leur réception, puis à des fables qu'on pourrait dire abandonnées ou dissoutes par la multiplication d'éclats contradictoires. Bien sûr, en réaction, des auteurs se voient prescrire des récits solides, « à l'ancienne », ou n'ont jamais renoncé aux machines narratives explicites.

Le paysage théâtral a donc été secoué par des expérimentations dans le récit qui ont mené le lecteur aux limites d'un territoire dont on ne sort pas sans boussole. Sans doute avons-nous aujourd'hui le sentiment qu'on ne peut pas se passer de fable. Mais pourrions-nous davantage en revenir exclusivement à des récits prescriptifs et fermés qui réduiraient notre part d'invention et d'imagination, puisque notre plaisir s'exerce aussi dans les interstices de la fable, dans le travail intime de la recomposition et, pourquoi pas, des plongées dans les vides ?

II. L'espace et le temps

L'espace et le temps sont deux éléments historiquement fondateurs de la représentation théâtrale qui se déroule toujours « ici et maintenant » (c'est l'espace et le temps de la représentation) pour parler le plus souvent d'un « ailleurs, autrefois » (c'est l'espace et le temps de la fiction). Toutes les variations sont possibles à partir de cette figure de base. Les classiques optent le plus souvent pour une fiction éloignée dans le temps et l'espace, par exemple empruntée aux Anciens, ce qui ne les empêche pas de parler de leur temps au public de la Cour. Le metteur en scène Antoine Vitez va dans ce sens quand il indique que pour lui (voir Anthologie) le théâtre parle mal de l'actualité quand il se règle strictement sur un « ici, ajourd'hui » et qu'une forme d'éloignement lui semble quasi indispensable. C'est aussi le plus souvent le choix de Brecht qui utilise le détour spatio-temporel pour réfléchir sur son époque.

Ce n'est pas toujours le choix des dramaturges contemporains, soit parce qu'ils essaient de prendre en compte le moment où ils écrivent (un « aujourd'hui » ou un « hier », donc, en tout cas un « ici »), soit parce qu'ils s'appuient sur des effets de théâtre dans le théâtre où la fiction passée et le présent de la représentation se confondent, où le théâtre se prend lui-même comme référent. Sur un autre mode, des essais de rituels et de cérémonies tendent à faire coïncider le présent de l'action et le présent de la représentation.

Certains auteurs prennent le risque de mêler l'espace et le temps dans des combinaisons inédites qui s'écartent des traditions. Ils se forgent ainsi un outil complexe pour parler d'un

monde où les perceptions de l'espace et du temps ont radicalement évolué. Tout a été dit aujourd'hui sur la rapidité et le morcèlement des informations, sur l'esthétique du « clip » et sur les
effets incontrôlés du « zapping », cette sorte de « montage » télé-
visuel aléatoire à domicile qui provoque des collages surprenants.
Pourtant, le lecteur de théâtre et parfois le spectateur éprouvent
toujours des réticences face aux dramaturgies éclatées, comme si
ce qui paraît désormais évident pour l'image enregistrée l'était
beaucoup moins dès lors qu'il s'agit d'une parole prise en charge
par un acteur vivant. Il arrive même que de telles variations soient
perçues comme des « effets formels », comme une recherche
esthétique qui brouillerait inutilement les pistes du sens. En fait,
il est contestable qu'il s'agisse d'effets de mode, voire de « techniques », quand ce morcèlement de la réalité correspond à une
nécessité profonde de l'écriture. C'est le cas, par exemple, pour
les formes narratives de romanciers comme Dos Passos et Faulk-
ner aux États-Unis, en France d'Alain Robbe-Grillet et de Claude
Simon.

Nous ne verrons pas dans toutes les recherches spatio-temporelles une sorte d'indice de modernité, d'autant que les auteurs
qui s'y consacrent en espèrent des effets très différents car elles
engagent la compréhension idéologique du récit. Cette question
est au centre de la dramaturgie, elle est décisive pour l'organisation de la fable. Anne Ubersfeld constate d'ailleurs que « le temps
du théâtre est à la fois image du temps et de l'histoire, du temps
psychique individuel et du retour cérémoniel ». C'est assez dire
sa complexité et son imbrication dans toutes les questions de dramaturgie.

L'avant-garde des années cinquante s'était, elle, attaquée aux
conventions théâtrales qui marquent traditionnellement l'espace
et le temps dans le passage à la représentation.

1. Dérèglements du temps

Ce sont les effets les plus simples et les moins explicables, les
plus connus aussi, ceux qui mettent en question la grammaire de
la représentation qui aide le spectateur à faire le lien entre le
temps et la représentation théâtrale et le temps référentiel de la
fiction. Les auteurs jouent alors sur les marques ordinaires du

temps au théâtre, ils les dérèglent pour en souligner la fragilité ou la bizarrerie. Ainsi, dans *La Cantatrice chauve* baptisée « anti-pièce » par Ionesco (1950), dès la scène 1 les didascalies indiquent :

> « Un long moment de silence anglais. La pendule anglaise frappe dix-sept coups anglais. »

Mme Smith attaque sa première réplique par un « Tiens, il est neuf heures ». Un peu plus loin la même pendule « sonne sept fois. Silence. La pendule sonne trois fois. Silence. La pendule ne sonne aucune fois ».

La pendule continue à faire des siennes tout au long du texte, sonnant de manière inattendue et aléatoire, fort ou moins fort, trois fois ou vingt-neuf fois. Elle n'occupe donc plus sa fonction usuelle du théâtre réaliste ou naturaliste qui est littéralement de « donner l'heure » de la fiction au spectateur et de marquer le passage du temps. Par là, Ionesco souligne l'inanité du temps théâtral « admis », celui où la pendule qui sonne indique un temps tout aussi arbitraire par rapport à l'écoulement réel de la durée. Le temps du théâtre a ses propres règles semble-t-il souligner, et d'ordinaire elles ne font pas sourire, sauf quand le régisseur commet une erreur. En déréglant le temps de manière aussi ostentatoire, il installe son récit « hors du temps », il sape les fondements de la théâtralité conventionnelle et il s'installe dès lors dans un système narratif où tout est permis puisqu'il n'est plus régi par aucune durée autre que celle de la représentation. On pourrait dire que ce théâtre s'installe également par là dans l'onirisme.

Un autre exemple célèbre est celui d'*En attendant Godot* (1952) de Samuel Beckett. Les didascalies du début du deuxième acte indiquent : « L'arbre porte quelques feuilles. Entre Vladimir, vivement. Il s'arrête et regarde longuement l'arbre. » On en déduit donc que les feuilles de l'arbre ont poussé en une nuit, autre indice du dérèglement du temps sur lequel s'arrêtent les personnages :

> « VLADIMIR. – Il y a du nouveau ici depuis hier.
> ESTRAGON. – Et s'il ne vient pas ?
> VLADIMIR *(après un moment d'incompréhension)*. – Nous aviserons. *(Un temps.)* Je te dis qu'il y a du nouveau ici, depuis hier.
> ESTRAGON. – Tout suinte.
> VLADIMIR. – Regarde-moi l'arbre.
> ESTRAGON. – On ne descend pas deux fois dans le même pus.
> VLADIMIR. – L'arbre, je te dis, regarde-le.

> *Estragon regarde l'arbre.*
>
> ESTRAGON. – Il n'était pas là hier ?
> VLADIMIR. – Mais si. Tu ne te rappelles pas. Il s'en est fallu d'un
> cheveu qu'on ne s'y soit pendu. *(Il réfléchit.)* Oui, c'est juste
> *(en détachant les mots)* qu'on-ne-s'y-soit-pendu. Mais tu n'as
> pas voulu. Tu ne te rappelles pas ?
> ESTRAGON. – Tu l'as rêvé.
> VLADIMIR. – Est-ce possible que tu aies oublié déjà ?
> ESTRAGON. – Je suis comme ça. Ou j'oublie tout de suite ou je
> n'oublie jamais. »

L'arbre est à la fois le signe conventionnel du temps qui passe,
pourtant en contradiciton avec l'indication « le lendemain », et
indice du rapport problématique des personnages au temps et à la
mémoire. Il a changé et il n'a pas changé, et même s'il a changé
Estragon n'y attache pas d'importance et demande un peu plus
loin que Vladimir « lui foute la paix avec (s)es paysages ». Beckett dérègle le temps scénique mais il souligne aussitôt le dérèglement global de la mémoire des personnages et de tout leur rapport au temps qui passe. Il le fait d'une autre manière dans *Fin de
partie* (1957) où Clov annonce dès la première réplique :

> « Fini, c'est fini, ça va finir, ça va peut-être finir. Les grains
> s'ajoutent aux grains, un à un, et un jour, soudain, c'est un tas, un
> petit tas, l'impossible tas. »

Il prend littéralement le récit à rebrousse-poil en en annonçant
la fin, sa fin probable et la fin à venir de la représentation. Les
plaisanteries autour des conventions temporelles se fondent sur
l'obsession du temps qu'expriment les personnages et que manifeste toute l'œuvre de Beckett, si bien qu'elles dépassent largement le travail de sape du théâtre traditionnel et qu'elles finissent
par appartenir en propre à la dramaturgie beckettienne.

2. Ici et maintenant

Tout un versant du théâtre des années soixante s'est passionné
pour des formes cérémonielles ou rituelles où il importe moins de
raconter une histoire que d'exacerber la dimension présente, ins-
tantanée et comme imprévisible d'un moment de la représentation. Ce théâtre ne donne à voir aucune réalité extérieure à lui. Il
a pu prendre la forme du « happening » (littéralement « ce qui

advient », spectacle en forme d'événement non répétable) dont l'objet est d'exercer une forte influence émotionnelle sur le spectateur. Le happening échappe en grande partie à l'objet de notre travail dans la mesure où, par sa nature, il laisse très rarement un texte ou un scénario. Cependant, on en trouve des échos dans le théâtre d'Arrabal par exemple (*Fando et Lis, Le Cimetière des voitures, Le Grand cérémonial, L'Architecte et l'empereur d'Assyrie* notamment, chez Christian Bourgois) où le dramaturge s'attache à construire des actions intenses prévues pour se dérouler dans le présent de la représentation et ébranler ses conventions. Arrabal parle de « théâtre panique » ; l'action s'y transforme en cérémonie ou en rituel barbare capables d'accueillir le hasard et l'inattendu. Dans des moments proches du rêve, les personnages ressassent le même texte ou les mêmes actions scéniques, transgressent les tabous religieux, sexuels ou politiques avec une liberté apparente qu'ils semblent inventer au présent dans des moments qu'Arrabal nomme « la confusion ».

Ce présent réapparaît autrement quand l'écriture fait mine d'arrêter le cours de l'action, dévoile et dénonce les conventions de la représentation par des procédés qui reprennent les traditions du théâtre dans le théâtre. Le théâtre ne parle alors plus que de lui-même en élaborant des figures emboîtées et en mettant en avant des fragments de jeu censés ne renvoyer qu'au moment présent. Pour l'avant-garde des années cinquante, il s'agit souvent d'user de la parodie en introduisant des ruptures dans l'action, des décalages tels, entre la parole et l'action, que les distorsions qui apparaissent dans la représentation ne laissent aucune chance au spectateur de prendre pour « réel » ce qui se déroule devant lui. Dans *La Parodie* (Gallimard, 1953), Arthur Adamov, au-delà de la question du temps, donne aux personnages des comportements mécanisés qui marquent l'écart avec le quotidien. Cependant, comme l'écrit Adamov, « Le comportement absurde des personnages, leurs gestes manqués, etc., doivent apparaître absolument naturels et s'inscrire dans la vie quotidienne ».

Dans un autre domaine, les exemples les plus célèbres d'intrusion du présent dans le spectacle viennent de Beckett, dont des œuvres comme *Fin de partie* ou *Comédie* annoncent dès le titre qu'il s'agira exclusivement de théâtre. Ainsi dans *Fin de partie* :

> « CLOV. – Ça redevient gai. (*Il monte sur l'escabeau, braque la lunette sur le dehors. Elle lui échappe des mains, tombe. Un*

temps.) J'ai fait exprès. *(Il descend de l'escabeau, ramasse la lunette, l'examine, la braque sur la salle.)* Je vois... une foule en délire. *(Un temps)* Ça alors, pour une longue-vue c'est une longue vue. *(Il baisse la lunette, se tourne vers Hamm.)* Alors ? On ne rit pas ? »

L'inclusion soudaine et faussement accidentelle des spectateurs dans le champ de vision de l'acteur, et donc dans la représentation, ramène ceux-ci instantanément dans le présent et ôte aux acteurs toute autre identité que celle d'acteurs occupés à faire un numéro.

Le théâtre dit de l'absurde a ouvert les portes, par le jeu de massacre des conventions et par l'usage massif de la dérision, à l'inclusion dans n'importe quel texte de moments plus ou moins fugitifs ne renvoyant à rien d'autre qu'à l'espace de la scène. Il a rendu plus admissible pour la suite la prise au sérieux d'une écriture qui enfreint les règles spatio-temporelles convenues.

Peut-être est-ce pour cette raison, sans que l'on puisse envisager une filiation directe, que des textes des années soixante-dix présentent une structure commune d'emboîtement de la fiction qui s'apparente au théâtre dans le théâtre. Un prologue où les personnages sont installés dans un « faux présent » donne d'emblée les règles du jeu, celles d'acteurs aux identités plus ou moins fixées qui se livrent à un exercice de « jeu dans le jeu ». Tout ce qui arrive par la suite est donc cautionné (quelles que soient les formes théâtrales utilisées) par cette entrée en matière qui affiche de manière ostensible qu'il s'agit d'une représentation. On peut aussi voir dans ces formes une sorte de dévoiement de la distanciation brechtienne, dans la mesure où toutes les maladresses et tous les excès de la représentation sont à l'avance annoncées comme telles et donc pardonnables. Mais il s'agit le plus souvent d'un effet de style et l'affirmation du point de vue du groupe d'acteurs.

L'aveu de la médiation de l'acteur, l'affirmation ostentatoire de sa présence se retrouvent, à la fin des années soixante-dix, dans plusieurs adaptations de romans comme dans le *David Copperfield* du Théâtre du Campagnol mis en scène par Jean-Claude Penchenat ou le *Martin Éden* du Théâtre de la Salamandre par Gildas Bourdet. Le groupe de comédiens, nos contemporains, raconte en son nom ce qui a déjà été raconté par le romancier et le fait donc dans une sorte de présent qui lui donne une plus grande liberté et davantage d'autorité.

3. Les contradictions du présent

Il arrive que les dramaturges parlent du monde d'aujourd'hui ou d'hier, traitent de l'actualité immédiate sans détours, accueillent sur la scène le fait divers encore frais ou y exposent les soubresauts récents d'une société en crise. Dans ce cas, nous assistons à l'utopie d'une écriture qui s'efforce de réduire l'écart entre ce qui vient d'arriver et ce qui est montré. Bien sûr, le référent le plus « actuel » possible n'échappe pas aux phénomènes de la scène et bascule immédiatement dans le passé puisque la coïncidence exacte avec « l'ici et maintenant » de la représentation est impossible.

Ces textes-là émanent rarement d'un auteur au sens traditionnel du terme, et sont plutôt le fruit de l'écriture collective. Comme si pour parler vite et à chaud d'un événement, le savoir-faire du spécialiste n'était pas indispensable et qu'il suffisait d'avoir vécu un événement ou d'en avoir une bonne connaissance pour que la transmission soit efficace. Le théâtre « d'agit-prop », le théâtre d'intervention, le théâtre-journal, sont des formes qui donnent à voir à fin d'information, de didactique ou d'agitation politique, des événements récents sur lesquels les spectateurs sont invités à réfléchir et à réagir. Quand on peut accéder à ces textes, rarement publiés, on constate qu'ils ne parlent pas toujours du présent immédiat, mais que certains s'en approchent quand leurs formes sont peu élaborées ou qu'ils ont été composés dans l'urgence. La fin des années soixante a été fertile en textes émanant d'auteurs (Guy Benedetto qui interroge la guerre du Viêt-nam dans *Napalm* en 1967, Armand Gatti dont nous reparlerons à propos du théâtre des possibles) ou de groupes (L'Aquarium, Le Chêne noir, Le Théâtre du Soleil) qui travaillaient sur l'actualité. Nous y faisons allusion dans notre second chapitre à propos des troupes d'intervention. Dans les années soixante-dix en France, le « groupe Boal », du nom de son metteur en scène brésilien Augusto Boal, joue de courtes pièces de « théâtre-forum » qui essaient de faire apparaître les conflits idéologiques d'une situation présente. Dans un tout autre registre, le fait divers a pu inspirer Georges Michel ou des auteurs du théâtre du quotidien, qui traitent ce présent sous des formes différentes.

Bizarrement, il arrive qu'une pièce de théâtre soit rattrapée par le présent d'une société qui soupçonne alors les auteurs d'avoir prémédité la rencontre bien qu'il s'agisse le plus souvent d'un accident. Ces phénomènes sont bien connus dans les périodes de censure et de forte agitation politique où des pièces, aussi anciennes qu'elles soient, voient leurs discours interprétés par les spectateurs en fonction de l'actualité.

Deux exemples de la saison 1991-92 montrent que les relations entre le temps et l'espace de la fiction et de l'actualité peuvent être plus étranges encore. *Roberto Zucco* (Éditions de Minuit, 1989) de Bernard-Marie Koltès s'inspire librement de la vie d'un meurtrier, Succo, connu notamment pour avoir assassiné un inspecteur de police et pour s'être échappé de prison à plusieurs reprises. Les représentations de la pièce ont été interdites à Chambéry après diverses interventions et manifestations, à cause, dit-on, du voisinage de la famille d'une victime. Le traitement de la pièce est pourtant éloigné du réalisme ou d'une apologie du meurtre, mais les circonstances ont failli annuler toute la tournée. Le Théâtre de l'Unité, lui, célèbre pour ses interventions de rue, a été forcé d'annuler un spectacle aux Jeux Olympiques d'Albertville intitulé *L'Avion* qui présentait un simulacre d'accident d'avion, rattrapé cette fois par un véritable accident arrivé dans l'Est de la France bien après que le projet eut été lancé.

Au-delà de ces anecdotes, d'ailleurs troublantes quant à la sensibilité et à la nervosité des relations entre le théâtre et la société, on comprend mieux la prudence avec laquelle les dramaturges choisissent de parler des événements historiques récents, comme si le groupe social s'imposait une sorte de travail de deuil et qu'un théâtre trop tourné vers un passé récent et non protégé par les détours de la métaphore risquait de raviver d'anciennes douleurs. La guerre d'Algérie, par exemple, n'a suscité qu'un nombre limité de pièces de théâtre, écrites pour la plupart avec des années de recul.

4. Traitements de l'Histoire

Les auteurs classiques traitant d'un sujet emprunté à l'histoire ancienne situent l'action et les personnages précisément dans ce passé, dans la Rome antique ou dans quelque cité ravagée par les guerres. Ils affectionnent les traits de couleur locale et, depuis ce passé, les personnages remontent par les récits et les détails biographiques jusqu'à un passé antérieur. L'Histoire s'épaissit d'une mise en perspective dûment datée, où toutes les filiations sont consignées, alors que l'actualité de celui qui écrit, si elle perce derrière la fable ou fait signe au lecteur, n'est jamais évoquée directement.

Nos auteurs, qui craignent peut-être les reconstitutions difficiles ou le redoutable « effet peplum » du drame historique, traitent assez peu du passé au premier degré. Quand ils le font, peut-être sous l'influence de Brecht, ils donnent moins d'importance aux grands noms et aux grandes dates historiques, et ils préfèrent traiter des événements vus par des personnages populaires, en tout cas par des « petits » plutôt qu'en mettant en scène les héros légués par l'Histoire. On peut regretter que ce terrain ait été abandonné à des spectacles, comme ceux d'Alain Decaux et Robert Hossein, qui misent au contraire sur la reconstitution de grands événements, les discours flamboyants des tribuns et parfois les images d'Épinal, recourant si nécessaire à Jésus comme héros suprême. Ces drames enluminés célèbrent l'Histoire dans des grandes messes festives qui en appellent à la mémoire sociale et provoquent l'assentiment général par une sorte de vérification théâtrale de souvenirs mythiques qu'estampille la représentation. Pourtant, les « combats des chefs » ne manquent pas d'enjeux politiques et de leçons dramatiquement fortes. Dans *Maximilien Robespierre* (1978), Bernard Chartreux et Jean Jourdeuilh mettent en scène la méditation du héros révolutionnaire. Récemment, Jean-Marie Besset a pris le risque de s'intéresser aux figures de Pétain et de De Gaulle. Dans *Villa Luco* (Actes Sud-Papiers, 1989), le général De Gaulle rend visite au maréchal Pétain dans sa cellule de l'île d'Yeu, au lendemain de la deuxième guerre mondiale, en présence d'un jeune lieutenant, ancien aide de camp du général à Londres. Cette « rencontre au sommet » rappelle, par son sujet, les grandes entrevues du théâtre classique. Traité en comédie acide, le texte trace les portraits des deux hommes. Ils se connaissent, ils ont une sorte de parcours commun, ils n'ignorent ni l'un ni l'autre les risques du pouvoir et les foucades de l'opinion publique ; tout cela fait régner entre eux une espèce de familiarité sans illusions, quand Besset tire le dialogue vers le cocasse :

> « DE GAULLE. – Allons, je viens vous voir et vous me cherchez
> querelle pour une histoire de promenade !
> PÉTAIN. – Bon, vous êtes là, mettons que la surprise est arrivée...
> Et maintenant, permettez-moi d'aller aux cabinets. Il n'y a pas
> que vous qui soyez urgent ! *(Il frappe)* Lieutenant !
> DE GAULLE. – Faut-il que vous soyez si trivial ?
> PÉTAIN. – Oh, trivial ! Naturel, De Gaulle, naturel ! Vous m'avez
> fait attendre, je vais écouler mon impatience et mon étonne-
> ment, voilà ! Vous n'allez quand même pas prendre de la hau-
> teur parce que ma vessie n'est pas une lanterne... Elle n'est pas
> très bonne, je l'avoue, mais vous m'avez fait enrager. »

À d'autres moments, les personnages retrouvent le ton
« noble » du drame historique et le dialogue se rapproche de l'effet de stichomythie de la tragédie classique, sans que Besset aille
cependant jusque la parodie :

> « DE GAULLE. – Je n'ai pas entraîné mon peuple au gouffre !
> PÉTAIN. – Comme s'il s'agissait du peuple !
> DE GAULLE. – Je me soucie du destin de ces gens.
> PÉTAIN. – Allons ! Vous y êtes aussi indifférent que moi ! Vous
> envahissez tout et rien ne doit vous résister ! Mais comptez
> avec moi ! Avec un peu de chance, avec un peu de temps, je
> vous verrai tomber !
> DE GAULLE. – Pour l'heure, vous êtes en bas, plus bas qu'un
> Français n'est jamais descendu et vous vous débattez.
> PÉTAIN. – Dans le destin où vous m'avez jeté ! »

La victime inattendue de cette rencontre est finalement le jeune
lieutenant trop tendre et trop naïf pour ne pas s'être laissé bercer
d'illusions. La pièce est atypique, dans le contexte des années 80,
en s'intéressant à deux figures mythiques de notre histoire et en
proposant une telle image.

Le Théâtre du Soleil d'Ariane Mnouchkine a beaucoup servi
de référence au traitement théâtral de l'Histoire. *1789. La Révolution doit s'arrêter à la perfection du bonheur* (L'Avant-Scène,
1973), apparaît surtout comme une célébration heureuse de la
Révolution sous les couleurs enjouées de courtes pièces et de
tableaux présentés par des comédiens sur des tréteaux ambulants.
L'effet d'emboîtement y est accusé. *1793. La Cité révolutionnaire est de ce monde* (L'Avant-Scène, 1973) aborde un sujet
plus grave et moins spectaculaire puisqu'on y présente essentiellement les débats d'une Section parisienne de quartier, pendant
l'hiver 93. Ces écritures collectives placent les discours révolu-

tionnaires, les joies et les inquiétudes du peuple dans la bouche de citoyens ordinaires qui se débattent avec des événements qu'ils vivent en direct mais que la dramaturgie rattache à notre présent. La prise de la Bastille racontée par les acteurs dans la proximité et l'intimité de petits groupes de spectateurs y trouvait un écho immédiat. Les désillusions vécues par les révolutionnaires dans les années qui suivirent ne manquaient pas d'interroger les spectateurs sur leur propre rapport à des événements politiques récents. Quand il s'intéresse à l'Histoire, notre nouveau théâtre tisse des liens explicites entre le passé et le présent, formule des correspondances par le choix des personnages porte-paroles ou s'intéresse au passé par le biais d'un microcosme dont les actions se déroulent au présent.

C'est souvent le cas de textes qui se réfèrent à des guerres. Dans *Plage de la Libération* de Roland Fichet (Théâtrales, 1988), l'action se déroule sur une plage de Bretagne quarante ans après la guerre. C'est la mémoire de la guerre et de la Libération qui se réveille parce que le fils d'un ancien résistant, et maire de la ville, fait exploser le monument aux morts. Dans *Djurdjura* de François Bourgeat (Tapuscrit Théâtre Ouvert n° 61), Simon est entraîné dans son sommeil par un jeune arabe que ses hommes ont tué autrefois pendant la guerre d'Algérie. Remontant trente ans en arrière, Simon revit par la mémoire des jours d'horreur. Dans *Berlin, ton danseur est la mort* (Théâtrales, 1988), de Enzo Cormann, Greth, qui est restée cachée dans sa cave plus d'un an après la fin de la guerre, revit des éléments de son passé qui se mêlent au présent dont elle ne veux pas accepter l'évidence. Dans *Algérie 54-62* de Jean Magnan (Théâtrales, 1988), il s'agit de « tenter de raconter l'Histoire, fragmentairement telle que nous nous la rappelons » annonce le catalogue de l'éditeur, soulignant une nouvelle fois cette importance de la mémoire dans la relation au passé.

Tonkin-Alger d'Eugène Durif (Comp'act, 1990) offre un bon exemple de la façon dont la guerre d'Algérie est évoquée par un biais. Le dramaturge y délaisse les territoires de l'épopée pour raconter l'histoire telle qu'elle est vécue au quotidien. Dans le quartier populaire du Tonkin à Villeurbanne se croisent, la nuit du quatorze juillet, un groupe de jeunes gens et de jeunes filles et trois personnages plus âgés, dont l'un, surnommé Charly Indo, est revenu d'une autre guerre coloniale. C'est aussi la nuit qui précède le départ de Luigi pour l'Algérie. Les cinquantenaires se souviennent de lui quant il était enfant :

« OCTAVE. – Haut comme trois pommes quand on allait faire des concours de longue chez son père. Ça me fait drôle.

LA BROCANTE. – Heureusement qu'il y en a pour aller leur montrer aux coupeurs de routes.

OCTOVE. – Et quel air sérieux quand je l'emmenais en moto faire le tour du quartier !

LA BROCANTE. – Une belle virée. Marseille, La grande bleue. Alger. Et les campagnes, les montagnes et les douars. C'est là qu'ils se sont cachés. Et pour toi ? La perme ou la quille ?

OCTAVE. – Quand même, je n'aurais pas pensé qu'il parte si vite ! »

La confrontation de ceux qui voudraient que Luigi parte et de ceux et celles qui voudraient qu'il reste n'est pas le sujet principal de la pièce, pas plus d'ailleurs que l'évocation de la guerre d'Algérie ou de l'inscription, en mineur, de celle d'Indochine. Il s'agit davantage de l'évocation de la brutalité et de la douleur du départ à la guerre, qui arrête dans son élan et ses espoirs la vie à peine entamée de Luigi. La référence à l'histoire est dans ce cas davantage un prétexte et elle finit par sortir du cadre au bénéfice de l'évocation d'un quotidien traité avec nostalgie.

5. Le présent visité par le passé

Des constructions complexes et passionnantes sont dues à René Kalisky qui choisit le plus souvent de parler du passé, et notamment d'événements historiques obsessionnels en établissant les règles d'un « re-jeu » qui déconstruisent les identités du ou des personnages centraux à partir d'un présent fictionnel pour les envisager sous différentes facettes. Ainsi, dans *Jim le Téméraire* (Gallimard, 1972), un malade est hanté vingt ans après l'époque nazie par la présence d'Hitler. Dans *Le Pique-nique de Claretta* (Gallimard, 1973), des jeunes gens revivent lors d'une soirée mondaine, à la manière d'un psychodrame, les derniers jours du régime de Mussolini. *La Passion selon Pier Paolo Pasolini* (Stock/Théâtre Ouvert, 1977) ne raconte pas le meurtre de P.P.P. de manière banale. Lors d'un tournage d'un film sur *La Passion*, Kalisky mêle les menaces qui pèsent sur la vie du Christ à la reconstitution du meurtre de Pasolini qui n'a pas encore eu lieu mais qu'une sorte de prémonition permet d'envisager de différentes façons. Les personnages comprennent Pasolini, sa mère et son meurtrier, les « ragazzi » qui entouraient sa mort et les comédiens, stars présentées sous leur véritable identité (de Silvana Mangano à Terence Stamp). Le présent est celui du tournage qui fait appel au passé (la mort du Christ) et à un futur (Pasolini mettant en scène sa propre mort) qui s'éclaire selon ce que le lecteur sait du véritable meurtre de P.P.P. Ce fragment de la scène 2 rassemble Giuseppe Pelosi, le meurtrier, Massimo Girotti, Franco Citti, Anna Magnani, comédiens, et Irène, une « ragazza » :

> « P.P.P.. – C'est un gros plan, c'est ouvert, c'est face à face, et lorsque Judas dira « Je suis innocent, Que voulez-vous de moi ? » il sera facile à chacun de saisir le mystère de l'impuissance, de la colère, de la douleur. *(D'une voix soudain espiègle, se frottant doucement la joue)* Tu l'as mordue, tu l'as vraiment mordue ?
>
> GIUSEPPE, *riant, se redressant à moitié.* – C'est que j'y suis Paso... *(Ses deux poings brandis.)* J'y suis !
>
> MASSIMO, *à P.P.P..* – Qu'est-ce qui t'arrive ! Mais qu'est-ce qui t'arrive, bon Dieu !
>
> FRANCO. – Je suis innocent. Que voulez-vous de moi ? *(Se frappant rageusement la poitrine.)* Cest mots, tu les avais écrits à mon intention dans ton premier long métrage. Et ces mots, je les disais bien !
>
> IRÈNE. – Alors pourquoi tu chiales si tu en es tellement sûr ?
>
> ANNA. – Pause café, Franco ? »

Le présent du tournage permet à Kalisky, à l'intérieur d'un seul espace, de se projeter indifféremment vers le passé et vers l'avenir en construisant une série de « virtualités dramatiques » qui offrent toutes sortes de solutions pour l'accomplissement du meurtre. C'est ce que le dramaturge appelle le « surtexte », la prise en compte de toutes les virtualités dramatiques concevables à l'intérieur d'une structure unique. Il s'agit aussi pour le dramaturge de se livrer à un travail sur la mémoire puisque, comme le dit J.P. Sarrazac dans *L'Avenir du drame* :

> « Le présent (est) hanté par un passé de catastrophe, d'apocalypse ou de remords, la vie pénétrée par la mort, le drame ouvrant sur un travail de deuil ou de résurrection... »

Quand le temps et l'espace éclatent au point que la fable s'en trouve sérieusement perturbée, il arrive que ce soit le personnage qui suscite les retours du passé et soit comme visité par des souvenirs. Les apparents caprices du dramaturge s'expliquent par la façon dont le personnage est projeté ou semble se projeter dans différents espaces-temps.

Ce mode narratif est souple et il échappe aux obligations du réalisme, puisque n'importe quel fragment du passé, du présent et au besoin du futur s'actualise sur la scène. Beaucoup de textes se situent après un événement majeur qu'a vécu un personnage ; celui-ci le restitue sur le mode du récit ou du psychodrame quand il revit les événements marquants de son histoire. Leurs auteurs éliminent ce qui, dans l'événement passé, relèverait de l'anecdote ou devrait être entouré de trop de détails concrets pour demeurer compréhensible. Au présent surnage l'essentiel, comme épuré par la mémoire et libéré de l'ennuyeuse nécessité de tout dire.

C'est également le régime de la plupart des textes dits « oniriques » où le personnage qui rêve est libéré des entraves habituelles de la fiction ; son auteur le fait voyager comme il l'entend et procède aux montages temporels qui lui conviennent. L'intemporel est le mode préféré des dramaturges du rêve qui trouvent la liberté dont ils ont besoin. Des montages complexes aident à échapper à ce qui peut apparaître parfois comme un système, quand trop de personnages « revivent » encore et encore des actions d'une si forte intensité que les auteurs, ne souhaitant pas les attaquer de front, succombent aux délices de la métaphore théâtrale.

Dans une toute autre veine, les œuvres fondées sur une enquête menée par un ou plusieurs personnages, fouillent le passé et les incertitudes de la mémoire pour qu'advienne une vérité provisoire et tremblotante. Dans *Qui est Lucie Syn'* de Louise Doutreligne (Théâtrales, 1988), trois femmes qui se renvoient la balle et se corrigent les unes les autres, dressent les facettes contradictoires du portrait d'une femme dont on ne sait jamais qui elle est vraiment, ou plutôt qui n'existe qu'à travers ses contradictions ou ce que les autres perçoivent comme telles. Elles n'ont d'autre temps et d'autre espace que celui de leur parole qui fouille le passé à leur gré en y choisissant les images qui leur conviennent.

Jean-Pierre Sarrazac a choisi, lui, de faire parler les morts, ou plus exactement de placer ses deux personnages de *La Passion du jardinier* (Théâtrales, 1989) dans un espace-temps qui s'apparente à après la mort. Par cette décision radicale, il traite un fait divers récent et très sensible d'une manière subtile. L'amitié d'une vieille dame juive (« Si c'est une apparition qu'elle

déborde de vie ») et du jeune garçon qu'elle surnomme « Le
bêta » et qui entretient ses fleurs « s'il est vivant, c'est à la
manière d'un fantôme », s'achève brutalement quand le jardinier
devient le meurtrier de la vieille dame. L'un et l'autre se
retrouvent après le drame pour dialoguer et revivre des moments
du passé. Au-delà de la liberté narrative offerte par ce processus
et de l'approche particulière d'un événement sanglant, la pièce
travaille sur la mémoire. Les personnages sont convoqués parce
que la vieille dame essaie de comprendre, interroge le jeune
homme, revit en sa compagnie des moments anodins de leur histoire qui prennent, avec le recul du temps (et quel recul !) une
coloration nouvelle qui fait qu'elle les interrompt quand elle le
veut :

> « LE JARDINIER. – Si vous saviez ce qu'ils m'ont demandé !
> LA VIEILLE DAME. – Quoi donc ?
> LE JARDINIER. – Que je refasse mon... le...
> LA VIEILLE DAME. – Eh bien ! ce que tu as fait, tu ne peux pas le
> refaire ?... Ou bien tu veux dire que ce n'était pas toi ? Que tu
> n'étais pas toi-même ?
> LE JARDINIER *(véhément)*. – Si, c'est moi ! C'est moi ! Mon acte,
> on peut pas me l'enlever. Il est à moi. *(Pour lui-même.)* C'est
> vous, vieille dame, qui n'étiez pas là ce matin. On m'enlève
> votre aide quand j'en ai le plus besoin.
> LA VIEILLE DAME. – Moi la juive ? Ou moi la gentille vieille
> dame ? Sais-tu que c'est à ces trois mots « Gentille Vieille
> Dame » - tu les as prononcés devant le juge, les journaux les
> ont imprimés - que tu dois ma présence ? [...] »

Tout se passe comme si la victime ne pouvait pas ne pas revenir sur les causes de sa mort et que son fantôme ne se contentait
pas de l'explication banale de racisme ordinaire. En menant l'enquête et en interrogeant ses souvenirs, elle questionne indirectement le spectateur sur sa perception du fait divers et sur les
« attendus » d'un procès trop banal pour qu'il soit satisfaisant, et
qu'elle charge d'une dimension plus subtile. Les variations de
l'espace et du temps semblent dépendre de ses décisions. Par là,
Sarrazac suspend le récit et glisse, dans les arrêts sur les images
anciennes, le poids des responsabilités individuelles et collectives. Cette forme d'anamnèse, d'évocation volontaire du passé,
crée les conditions d'une dramaturgie qui ne profite pas à bon
marché de sa maîtrise du temps et de l'espace mais qui en fait le
moteur principal de la pièce.

Dans l'œuvre de Marguerite Duras, la mémoire occupe une place essentielle. Par l'évocation de fragments du passé, les personnages œuvrent à la reconstitution d'événements qu'ils ont vécus autrefois. Le présent, neutre ou presque, est le lieu ductile où se déroule l'anamnèse ; il prend toutes les couleurs du passé et au besoin du futur, sur la simple décision des personnages qui convoquent comme ils le veulent, même si c'est au prix de la douleur, les souvenirs du passé. Au besoin, ils parlent par la bouche de personnages disparus, les font revivre quelques instants et changent de temps et d'espace avec une rapidité parfois inquiétante pour le lecteur qui s'essoufflerait à en reconstituer toutes les opérations. La structure temporelle est comme fondue dans le discours de personnages qui ne parlent que de leur rapport au temps, si bien que le repérage des disjonctions devient inutile. Tous les discours convergent obstinément vers la tâche écrasante, douloureuse et pourtant jouissive qui consiste à recréer les contours du passé. Les événements sont pourtant moins racontés que retrouvés, et avec eux la subtilité des sensations anciennes. Par ce travail de la mémoire, Duras dresse un ultime barrage contre la mort.

Ainsi, dans *Savannah Bay* (Minuit, 1983), La Jeune Femme est celle qui aide Madeleine (« comédienne qui aura atteint la splendeur de l'âge ») à exercer sa mémoire et qui l'entraîne sur les chemins du souvenir :

> « MADELEINE. – Je vous reconnais. *(Temps long.)* Vous êtes la fille de cette enfant morte. De ma fille morte. *(Temps long.)* Vous êtes la fille de Savannah. *(Silence. Elle ferme les yeux et caresse le vide.)* Oui... Oui... C'est ça. *(Elle lâche la tête qu'elle caressait, ses mains retombent, désespérées.)* Je voudrais qu'on me laisse. »

La Jeune Femme lui rend des visites régulières dans un espace qui n'est pas nommé et qui est peut-être celui du théâtre. Le jour où elle ne viendra plus s'apparentera à la mort. Mais c'est quand elle est là que Savannah est évoquée :

> « JEUNE FEMME. – Vous pensez tout le temps, tout le temps à une seule chose.
> MADELEINE *(d'évidence).* – Oui.
> JEUNE FEMME *(violente).* – À quoi ? Vous pouvez le dire une fois ?
> MADELEINE *(également violente).* – Eh bien, vas-y voir toi-même pour savoir ce à quoi on pense.

JEUNE FEMME. – Vous pensez à Savannah.
MADELEINE. – Oui. Je crois que c'est ça.

> *Silence. La douceur revient*

JEUNE FEMME. – Savannah arrive à la vitesse de la lumière. Elle disparaît à la vitesse de la lumière. Les mots n'ont plus le temps. »

C'est là que le théâtre de la mémoire s'installe vraiment, quand la jeune fille demande « encore cette histoire » dont Madeleine affirme qu'elle ne se souvient plus à force de la répéter. Pourtant :

> « JEUNE FEMME *(l'entraîne hors de la douleur)*. – Elle était en maillot noir.
> MADELEINE *(répète)*. – Elle était en maillot noir.
> JEUNE FEMME. – Très mince...
> MADELEINE. – Très mince.
> JEUNE FEMME. – Très blonde.
> MADELEINE. – Je ne sais plus. *(Elle s'approche de la Jeune Femme, porte la main sur son visage, lit la couleur de ses yeux.)* Les yeux, je sais, ils étaient bleus ou gris selon la lumière. À la mer, ils étaient bleus *(Silence.)* Entre elle et lui, il y a cette couleur bleue, cet espace de la mer lourde, très profonde et très bleue. »

Les personnages n'existent dans le présent du théâtre que dans la mesure où ils s'investissent complètement dans le passé, citent avec exactitude les personnages du passé et reconstituent leurs faits et gestes. On ne sait plus si ces rencontres qui s'apparentent à un travail et évoquent l'effort des comédiennes pour faire apparaître des doubles (qui est exactement la « fille » de qui ?) est un exercice quotidien qui éloigne la mort, une forme de torture morale ou le plus grand bonheur qui soit donné à l'être humain, celui de se souvenir.

6. Le théâtre des possibles

Armand Gatti appelle « théâtre des possibles » une dramaturgie où l'espace-temps génère plusieurs dimensions et plusieurs âges à la fois pour rendre compte de l'homme qui se crée perpétuellement. Il est de ceux qui firent éclater très tôt la perception traditionnelle du temps et de l'espace au théâtre. Confronté à un groupe d'éboueurs de la Ville de Paris invités à une représentation de *La Vie imaginaire de l'éboueur Auguste G.* (Seuil, 1962), il raconte dans un entretien paru dans *La Nef* en 1967 :

> « Comme je leur demandais si les différentes formes de temporalité ne les avaient pas gênés (le mélange des temps était en effet ce qu'on m'avait le plus reproché), ils se sont concertés et m'ont fait cette réponse que je trouve excellente [...] : on ne sait pas si on a bien compris mais voilà : chez nous il y en a qui ont la télévision, au journal parlé on nous montre des choses qui se sont passées hier, d'autres aujourd'hui, à Paris, à Moscou, à Londres et tout ça à la suite, c'est ça votre temporalité ? - C'est ça. »

Gatti écrit du théâtre « éclaté » quand il prend conscience que le théâtre bourgeois n'est pas en mesure de rendre compte « des drames que l'homme contemporain était en train de vivre » et il place sa prise de conscience dans l'expérience concentrationnaire que le langage théâtral traditionnel est incapable de restituer. Il appelle le temps « normal » du théâtre « temps-durée », « temps d'horloge », « temps-continuité », « temps-fatalité » dans l'analyse qu'en font Gérard Gozlan et Jean-Louis Pays (*Gatti aujourd'hui,* Seuil, 1970). L'expérience de la déportation l'amène à réfléchir sur l'Histoire et lui fait inventer un autre temps théâtral :

> « Si dans le même instant, on peut à l'intérieur d'un présent lui donner une injection du passé et dans le même temps le faire démarrer sur l'avenir, on rend compte d'une démarche beaucoup plus vraie. La succession des images, des pensées, c'est *le langage de l'homme qui se crée perpétuellement.* »
>
> Entretien avec « Les Lettres Françaises », août 1965,
cité par Gozlan et Pays.

Gatti part donc d'une expérience politique et humaine et non d'un caprice formel, pour se forger un outil adapté à « ces possibilités qu'on trouve en l'homme » qu'il utilisera dans la plupart de ces pièces, faisant la même analyse pour l'espace que pour le temps, dénonçant la scène unique qui engendre un théâtre « sénile », proposant de lui substituer un espace qui rende compte d'un monde qui vit dans plusieurs dimensions et dans plusieurs âges à la fois :

> « Le fait de créer un temps-possibilité a amené presque obligatoirement un *espace-possibilité,* c'est-à-dire qu'il y a un espace donné qui crée tous les espaces possibles. »

Dans *Auguste G.*, le personnage central de l'éboueur éclate ; il est pris en charge par cinq comédiens différents, âgés de 9 à 46 ans. La scène y est divisée en 7 lieux qui situent des moments du passé, l'avenir rêvé par Auguste G. et différents moments du présent. Dans *Chant public devant deux chaises électriques* (Seuil, 1964) il existe cinq espaces-possibles représentant des salles de spectacles à Lyon, Hambourg, Turin, Los Angelès, Boston, où des spectateurs assistent simultanément à la représentation d'une pièce sur l'affaire Sacco-Vanzetti, ce qui donne à l'exécution et à ses conséquences une dimension mondiale. Dans *La Passion du général Franco* (Seuil, 1968) il invente des trajets géographiques qui structurent la pièce et illustrent la situation de l'Espagnol errant, exilé politique ou économique.

Gatti est un auteur peu joué aujourd'hui, peut-être à cause de l'engagement politique de son théâtre. Sa dramaturgie a cependant eu une influence durable et quasi souterraine sur la perception du temps et de l'espace au théâtre.

7. Ici et ailleurs : la simultanéité et l'éclatement

L'espace-temps éclaté n'a pas toujours de tels présupposés idéologiques. Dans plusieurs de ses œuvres, Michel Vinaver imbrique différentes conversations qui se poursuivent tout au long d'une séquence. Il tresse ainsi des discours qui pourraient advenir dans des espaces-temps différents et les fait entendre simultanément. Dans *La Demande d'Emploi* (1972), « pièce en trente morceaux », quatre personnages (Wallace, directeur du recrutement des cadres, CIVA ; Fage ; Louise, sa femme ; Nathalie, leur fille) sont saisis entre une conversation familiale et la poursuite d'un questionnaire d'embauche. « Ils sont en scène sans discontinuer » précise Vinaver qui ne fournit par ailleurs aucune indication scénique et notamment aucune indication spatiale. Voici le début du premier morceau intitulé UN :

> « WALLACE. – Vous êtes né le 14 juin 1927 à Madagascar
> LOUISE. – Chéri
> FAGE. – J'ai physiquement
> WALLACE. – C'est évident
> LOUISE. – Quelle heure est-il ?

NATHALIE. – Papa ne me fais pas ça à moi

FAGE. – C'est un idéal qu'on se forge en commun je veux dire qu'on ne travaille pas seulement pour le bulletin de salaire

LOUISE. – Tu aurais dû me réveiller

FAGE. – J'allais le faire et puis tu dormais avec tant d'abandon

WALLACE. – Que faisaient vos parents en 1927 à Madagascar ?

FAGE. – Avec ton bras replié c'était joli à regarder

NATHALIE. – Papa si tu me fais ça

LOUISE. – Je n'ai pas ciré tes souliers

FAGE. – Mon père était médecin militaire

LOUISE. – Tu es parti tout crotté

NATHALIE. – Papa réponds-moi

FAGE. – En garnison à l'époque à Tananarive

WALLACE. – Dans notre société

FAGE. – Mais je ne garde aucun souvenir

WALLACE. – Nous attachons beaucoup d'importance à l'homme [...]. »

Dans cette forme de conversation multiple, nous disposons de peu d'indices spatiaux. Nous pouvons imaginer un lieu privé, intime, celui de la famille, et un lieu extérieur, social, celui du bureau d'une entreprise. Dans ce cas, Louise et Nathalie se rattachent au premier, Wallace au second, Fage assurant la liaison puisqu'il est celui qui parle dans les deux lieux à la fois. Rien ne rend vraiment indispensable ces lieux à la représentation. Peut-être s'agit-il d'un lieu unique, celui de Fage ou de sa conscience, traversée par les deux discours. Mais on peut imaginer d'autres solutions, y compris une « installation » de la famille dans l'entreprise ou l'incrustation du directeur du recrutement dans le lieu privé. Du point de vue temporel, on peut imaginer un retour à domicile après l'entretien (une partie des répliques concernent la matinée, avant le départ de Fage), mais là non plus rien ne va de soi et rien ne date, par exemple, les interventions de Nathalie. Trop de logique dans la séparation des espaces mènerait à une remise à plat du dialogue tressé. Or, l'intérêt du texte réside précisément dans leur entrechoquement, dans la confrontation entre la froideur du discours professionnel qui deviendra impitoyable et l'affaiblissement progressif du discours familial.

Vinaver présente la pièce dans ses *Œuvres complètes* :

« Au chômage depuis trois mois, un directeur des ventes cherche un nouvel emploi. Dans le même temps où il se plie à des questionnaires réglés comme des machines infernales, il affronte sa fille, gauchiste, et sa femme qui supporte mal la perte d'un mode de vie sécurisant. Cette trame simple sert de support à une écriture dramatique hors de ses gonds : absence de lieu, rupture de chronologie, enchevêtrements des motifs et des rythmes. Dans les espaces mélangés, les personnages entrecroisent leurs temps et se parlent. Non sans réalisme : comme toujours, chacun est seul ici avec tous et partout. »

Même si la clef est donnée (l'enchevêtrement), rien n'est résolu du point de vue de la représentation, mais une chose est certaine : le choix de la forme est ici totalement lié à la façon de raconter et à ce qu'on pourrait appeler l'idéologie du récit. La complexité est inhérente à l'œuvre et ne doit en rien s'analyser comme un souci volontariste de faire « moderne ».

Le caractère musical de la construction du dialogue, repérable chez Vinaver, est accentué par Daniel Lemahieu dans *Viols* (1978) où tout rapport à un espace et à un temps identifiables disparaissent au seul bénéfice des éclats du dialogue pour deux voix de femmes. La simultanéité y est plus formelle, moins ancrée encore dans l'espace et le temps, et le texte s'apparente à un oratorio.

Dans ces deux exemples, le dialogue l'emporte sur toutes les marques spatio-temporelles ; le texte en éclats atteint des limites où l'énonciation est privilégiée, ce qui rend le travail du lecteur particulièrement délicat faute d'appuis concrets concernant la situation. Il faut donc qu'il accepte d'abandonner son système habituel de repérages, qu'il ne prenne plus en compte ce qui serait de l'ordre d'une situation traditionnelle et qu'il s'abandonne aux brisures du dialogue. C'est à ce prix que se retrouve l'unité profonde de textes où les variations de l'espace et du temps sont si nombreuses et si soudaines qu'il est préférable d'en rester à la surface de la parole, là où le choc des répliques fragmentaires produit du sens quand elles demeurent proches les unes des autres et qu'elles peuvent être saisies dans leur continuité.

La grande liberté dramaturgique qui s'est instaurée dans les relations au temps et à l'espace est marquée par une obsession du présent, quelle que soit la forme que prennent ces différents « présents », et par une déconstruction qui brouille les pistes du récit traditionnel fondé sur l'unité et la continuité. L'« ici et maintenant » du théâtre devient le creuset où le dramaturge conjugue à tous les temps les fragments d'une réalité complexe, où les personnages, saisis par l'ubiquité, voyagent dans l'espace, par l'intermédiaire du rêve ou bien, davantage encore, par le travail de la mémoire.

Tout se passe comme si un théâtre d'aujourd'hui en revenait obstinément à aujourd'hui et que tous les événements convoqués se revivaient et se rejugeaient à l'aune du présent. On peut y voir l'indice d'une sorte d'impérialisme de la conscience contemporaine qui se nourrit encore des événements passés à condition d'en faire son miel sans attendre, l'impatience d'une époque où la perception de l'instant primerait sur le long travail de la reconstitution précise de l'Histoire. Peut-être aussi faut-il chercher du côté de l'influence de la psychanalyse cette relation à un présent revisité par le passé ou hanté par lui. Quoi qu'il en soit, les événements mis sur le théâtre sont inlassablement interrogés, confrontés, reliés entre eux et comme mus par une agitation qui transcende les incertitudes. Faute de point de vue idéologique sûr, le récit s'abandonne au doute. La conscience s'admet comme entièrement subjective quand la quête individuelle est soumise aux tremblements de la mémoire. Elle a recours aux points de vue multiples et à la réfraction prismatique pour saisir un monde instable, pris entre l'ordre et le désordre. L'éclatement n'est pas un mot d'ordre moderniste mais le plus souvent l'expression d'une interrogation, voire d'une angoisse, sur la vérité des faits et sur leur déroulement. Là où Gatti faisait encore preuve d'optimisme en parlant des « possibles » de cette ubiquité narrative, la déconstruction a fait son œuvre en renvoyant la balle dans le camp du lecteur et en le soumettant à son tour aux incertitudes du déchiffrage.

III. Aux limites du dialogue

« C'est le dialogue qui représente le mode d'expression dramatique par excellence » écrivait Hegel. Michel Corvin, dans son *Dictionnaire Encyclopédique du théâtre*, souligne que « le dialogue est le signe de reconnaissance le plus immédiat du théâtre comme genre jusqu'à la fin des années soixante » et « (qu'il) éclate définitivement quand ses éléments constitutifs, les répliques, ne sont plus attribués en propre à des personnages individualisés ».

Sans doute est-ce dans le domaine du dialogue que le théâtre moderne a le plus souvent modifié les règles traditionnelles de la parole et de sa circulation, en élargissant le système de conventions de l'énonciation. L'échange de paroles alterné entre plusieurs personnages qui simulent la communication d'informations adressées, en dernier ressort, au lecteur et au spectateur, est appelé « double énonciation » par les linguistes et les sémiologues. Ce système fondateur de la communication théâtrale peut difficilement être modifié dans son principe, celui d'une parole en quête de destinataire pour reprendre la formule d'Anne Ubersfeld. Tout au plus peut-on en modifier certaines règles en les affaiblissant ou en les aggravant. Le véritable dialogue contemporain s'effectue de plus en plus directement entre l'Auteur et le Spectateur, par divers procédés énonciatifs, le personnage affaibli s'avérant être un relais de moins en moins indispensable entre l'un et l'autre.

Les dramaturges dits « de l'absurde » ont fait de la parole ressassée, verbeuse, déréglée dans sa nécessité et dans la sûreté des informations qu'elle transmet, une des clefs de leur théâtre. La parole circulaire, à l'utilité douteuse, brouille les échanges entre les personnages et lance en direction du spectateur des informations incertaines ou contradictoires. La convention du dialogue où l'on parlerait pour dire et construire la fable s'en est trouvée ébranlée, comme nous l'avons vu dans le parcours de lecture. Là où le classicisme avait fait de la précision, de la sûreté et du caractère complet des informations adressées au spectateur une des règles de l'écriture théâtrale, les dramaturges de l'absurde ont proposé un brouillage général qui rend la nécessité du « dire » de plus en plus problématique.

L'affaiblissement du personnage énonciateur, sa démultiplication ou sa suppression pure et simple est une autre modification notable. La parole n'est plus nécessairement énoncée par un personnage construit, à l'identité repérable. Ça parle toujours mais l'on ne sait pas toujours d'où ça vient, faute de repères sociaux, psychologiques, ou simplement d'identité affichée.

On ne sait pas toujours d'où vient précisément la parole, ou qui parle, et l'on ne sait pas davantage à qui elle s'adresse. Les tressages du dialogue modifient les lois de l'alternance et font qu'on ne sait plus toujours avec certitude à qui les discours sont destinés. Il arrive que le dialogue se présente sous la forme d'un écheveau où les sujets s'entremêlent, pour simuler les caprices de la conversation et rompre la tradition du « faux dialogue », brillant de tous ses mots d'auteur et réglé comme une partie de ping-pong.

Enfin, la parole entretient un rapport à la situation et à l'action de moins en moins nécessaire ou de moins en moins codifié. Les personnages parlent « à côté » de la situation, sans donner l'impression que celle-ci est prise en compte ou sans qu'elle soit repérable. Daniel Lemahieu écrit dans « Préludes et Figures » en postface à *Usinage* :

> « Opposition entre la situation où se trouvent plongés le personnage et son discours. Exemple : le lit comme lieu des débats politiques ; la réunion de famille comme métaphore d'un temps de travail. »

Ce décollement du dialogue et de la situation est difficile à saisir car il innove par rapport à une dramaturgie où ce qui est parlé est inévitablement le reflet de ce qui est joué. Les relations entre la parole et l'action, contradictoires ou divergentes, donnent à

voir le trouble ou les stratégies de personnages qui ne corres-
pondent pas fatalement à ce qu'ils disent ou à ce qu'ils font.

Tout un théâtre est construit strictement sur le terrain de la
parole, comme si les véritables enjeux se situaient dans les défis
et les fragilités de son émergence, que la parole était seule apte à
construire une réalité théâtrale qui se défie des conventions.

1. Un théâtre de la conversation

Un théâtre de la conversation est un théâtre où les échanges et
les circulations de parole l'emportent sur la force et l'intérêt des
situations, où rien ou presque n'est « agi », où la parole, et elle
seule, est action. On peut même ajouter, en prenant le mot « conversation » au pied de la lettre, que les énoncés échangés présentent un intérêt restreint, que les informations qui circulent par
l'intermédiaire de ces paroles sont plutôt anodines, légères,
superficielles, et sans rapport direct obligé avec la situation. Plus
exactement, ces situations sont réduites à des moments propices
aux échanges de paroles Rendue ainsi indépendante de la situation, déconnectée de l'urgence de nommer ou de faire avancer la
situation, la parole s'y déploie pour elle-même, elle ne dévoile
que les enjeux des échanges entre les personnages-énonciateurs
quand ils existent encore.

L'écart est de taille avec le théâtre dramatique traditionnel où il
est recommandé aux lecteurs de chercher la « situation » et aux
acteurs de la jouer, au-delà donc des paroles, ou comme si ces
paroles ne trouvaient tout leur sens que dans un rapport avec la
situation. Ce que l'on appelle parfois au théâtre le « sous-texte »
comprend justement les éléments de la situation qui justifient la
prise de parole des personnages, s'il est entendu que ceux-ci
parlent pour agir, c'est-à-dire pour avoir prise sur la situation ou
pour la faire avancer. Que se passe-t-il quand la situation n'est
plus perceptible, ou quand elle apparaît si affaiblie que le fait de
la repérer (elle est aisément repérable, tant elle est mince ou
banale) ne fait plus rien avancer ? On peut dire qu'une des tendances du théâtre contemporain est de miner la situation et par là,
de faire reculer les limites du « dramatique ». Les échanges verbaux entraînent, pour les énonciateurs, l'occupation de postures

successives, comme autant de situations fugitives indépendantes de la situation générale.

Dans *Façons de parler*, E. Goffmann définit ainsi la conversation : « Suivant la pratique de la socio-linguistique, « conversation » sera utilisé ici de façon non rigoureuse, comme équivalent de parole échangée, de rencontre où l'on parle. » Il l'oppose à l'usage de la vie quotidienne, « parole qui se manifeste quand un petit nombre de participants se rassemblent et s'installent dans ce qu'ils perçoivent comme [...] un moment de loisir ressenti comme une fin en soi » (p. 20). Il ajoute que « les répliques se rencontrent aussi, sous forme artistique, dans les dialogues du théâtre et des romans, transmutation de la conversation en un jeu pétillant où la position de chaque joueur se rétablit ou se modifie à chacune de ses prises de parole, qui constitue à chaque fois la cible principale de la réplique qui suit... »

Voici, à titre d'exemple, une « vraie conversation » enregistrée et transcrite :

« 1. J'ai acheté quinze merguez
2. Quinze merguez mais t'es folle
3. Ben oui huit pour ce soir nous chacun trois et toi deux
2. Non tu sais bien que j'en mange qu'une à chaque fois
1. Non en fait on t'en fait toujours cuire deux t'en mets une dans ton assiette et tu manges l'autre dans le plat par petits bouts
2. Non j'en mange qu'une t'es démente de toujours gaspiller comme ça
3. Pourquoi t'en as acheté tant
1. Dis donc t'étais bien avec moi chez Marcel
3. Oui mais j'ai pas fait attention on n'a qu'à les congeler sinon ça sert à rien qu'on ait acheté un congélateur
1. Oui mais c'est épicé c'est vrai que Catherine a bien congelé des boudins antillais
2. Oui mais elle les a jetés c'est vrai qu'Alain et Christiane en avaient aussi congelé
1. Nous on en mange cinq à nous deux et toi une ça fait six mettons sept donc il faut en congeler huit y'a qu'à en congeler huit dans du papier alu on va manger le navarin demain et on les mangera mardi
2. Si vous les mangez mardi c'est pas la peine de les congeler
3. Alors à quoi ça sert d'avoir acheté un congélateur »

Ce « drame » des merguez se fonde sur un échange conversationnel où la situation est mince (retour des courses, préparation du repas) mais où les enjeux traduits par la parole sont forts car ils laissent deviner des conflits, des alliances, des rancœurs, des rituels, ainsi qu'une expérience commune implicitement transmise (l'achat récent d'un congélateur, l'expérience des autres personnages connus).

On pourrait comparer cet échange qui n'appartient pas au corpus des textes de théâtre à un fragment de dialogue extrait de *Le jour se lève, Léopold* de Serge Valletti (Bourgois, 1988) :

> « MEREDICK. – Entrez.
>
> SUZY *(entrant)*. – Paraît que ça râle sec... Léopold il m'a dit.
>
> BASTIEN *(à Suzy)*. – Il va venir aussi, il est chargé des œufs, on croyait que c'était lui.
>
> MEREDICK. – Bonjour Suzy !
>
> SUZY. – Bonjour Biquet. Elle a téléphoné ? Pour l'aspiro ?
>
> MEREDICK. – Oui, il a dit que cette fois il fallait plus acheter les sacs ailleurs que chez Frelon.
>
> SUZY. – Il me court Frelon, je vais le dire moi !
>
> MEREDICK. – Elle a dit qu'il fallait pas le dire.
>
> SUZY. – Tu parles ! Si on dit rien, jamais on aura du bien, on aura toujours que du mal. Et c'est sûr !
>
> MEREDICK *(changeant de conversation)*. — Ça c'est bien passé, alors ? Il a dit Léopold...
>
> SUZY. – Mais des fois c'est certain. Moi, la musique me plaisait pas à cause des enregistrements. Z'étaient tous nullards !
>
> MEREDICK. – Tu dansais ?
>
> SUZY. – Bien peu.
>
> MEREDICK. – Ils t'ont été gentils avec toi, au moins ?
>
> SUZY. – Il manquerait plus que ça... !
>
> BASTIEN *(à Suzy)*. – Il te demande des choses parce qu'il demande toujours...
>
> MEREDICK *(l'interrompant)*. – Tu te tais Pastille ! Je te casse moi !
>
> SUZY. – Ils se disputent... Mais c'est bête ! Et l'aspiro, il faut changer les sacs tout de même ? »

Ici encore la situation est mince et les enjeux de la « conversation » d'autant plus forts que l'implicite existant entre les personnages est considérable. Du point de vue de la fable, la discussion autour de l'aspirateur ne présente aucun intérêt et n'apporte rien de nouveau à la situation. En revanche, c'est Suzy qui ouvre sur ce sujet apparemment « neutre » et qui y revient, alors que Meredick se préoccupe de ce qu'a fait Suzy la nuit précédente et qui la bombarde de questions. Valletti prend pourtant le temps de développer le sujet à caractère domestique, entraînant les lecteurs sur une « fausse piste » narrative qui épouse les méandres du dialogue. Tout est traité de manière égale, et à ce moment du texte le lecteur est incapable de saisir une hiérarchie des sujets. Une des questions traditionnellement « dramatique » (Avec qui Suzy a-t-elle dansé la nuit précédente hors de la présence de Meredick ?) est ainsi noyée par des sujets multiples (ce qu'a dit Frelon à propos des sacs, la rancœur de Meredick qui se reporte sur Frelon...).

Le théâtre de la conversation enregistre une sorte d'usure des situations dramatiques entraînant l'existence d'un « dialogue de bois » quand ce qui est parlé repose entièrement sur ce qui doit être dit, communiqué ou agi. Quand il n'existe plus aucun écart entre le dire et le faire, le dialogue devient fatalement redondant. Ceci est évident quand on assiste à des improvisations médiocres où la parole ne fait que nommer et ressasser la situation à coups de clichés. Si la situation est un repas de famille, le dialogue brasse « ce qui se dit » dans les repas de famille, si la situation est dans une gare, le dialogue est un dialogue de gare et ne s'en écarte jamais. C'est malheureusement parfois aussi le cas de certains textes de théâtre.

Si les socio-linguistes et les linguistes se sont tant intéressés à la conversation, ils ont offert à la dramaturgie un outil d'analyse supplémentaire qui s'attache au repérage du système d'énonciation, valable pour n'importe quelle pièce de théâtre fondée sur un échange de paroles. Ce qui nous intéresse ici, outre les outils empruntés à Goffmann, à Searle ou à Catherine Kerbrat-Orecchioni, c'est l'existence d'une dramaturgie largement fondée sur la pratique conversationnelle, qu'on pourrait faire remonter à Tchekov, avec, bien sûr, les écarts artistiques qu'il nous revient de repérer.

Ces dialogues ne sont pas pour autant réalistes. Paradoxalement, les dialogues qui citent ou miment la conversation réintroduisent une forte théâtralité. Chez le dramaturge anglais Harold Pinter, que nous donnons en exemple car depuis les années soixante il a fait école, les échanges feutrés de paroles anodines ne sont photographiques qu'en apparence car ils laissent de vastes espaces pour que le jeu s'y engouffre. Les énoncés sont si minces qu'il faut bien faire confiance à tout ce qui leur permet d'apparaître et donc aux enjeux non verbaux. Quant à la situation, tout aussi mince, elle n'offre d'intérêt que dans la mesure où la parole y introduit d'infimes décalages qui se révéleront explosifs. Ainsi, dans *L'Amant* (Gallimard, 1967 pour la traduction), cette scène de fin de journée et la fausse banalité d'un retour du travail, dont nous avons supprimé ici les indications scéniques initiales :

« SARAH. – Bonsoir.
RICHARD. – Bonsoir.

(Il l'embrasse sur la joue, lui donne le journal du soir, prend le verre qu'elle lui tend et s'assied. Elle se rassied avec le journal sur le canapé.)

Merci.

(Il boit une gorgée, se renverse contre le dossier et pousse un soupir de bien-être.)

Aah !
SARAH. – Fatigué ?
RICHARD. – Un petit peu.
SARAH. – Des embouteillages ?
RICHARD. – Non. Ça ne roulait pas mal du tout.
SARAH. – Ah bon.
RICHARD. – Ça roulait très régulièrement.

(Un silence)

SARAH. – Il m'a semblé que tu étais un peu en retard.
RICHARD. – Tu crois ?
SARAH. – Un tout petit peu.
RICHARD. – Il y avait un encombrement sur le pont. »

Ce que véhicule le dialogue n'a strictement aucun intérêt s'il n'est pas relayé par le jeu (et ici essentiellement par le rythme). Richard est-il objectivement en retard ? Pourquoi est-il fatigué ? Pourquoi Sarah en vient-elle par un biais (la question des embouteillages) à aborder cette question du retard ? Ce sont autant de pistes de lecture qu'il appartient au jeu d'amorcer ou de suggérer mais qui ne sont évidemment pas verbalisées par les personnages. Il n'y a rien à signaler sur le front du couple du point de vue de cette conversation trop lisse, si ce n'est l'indice d'infimes craquelures par lesquelles du sens peut s'engouffrer. Un peu de sens, car le surjeu d'un dialogue aussi mince revient à le trahir en lui donnant trop d'importance dramatique et trop de clefs au spectateur.

Le dialogue laconique est également relancé quand l'identité des personnages est mystérieuse et la situation inhabituelle. Dans *Transat* de Madeleine Laïk (Théâtre Ouvert/Enjeux, 1983),

Madame Sarah « loue » un enfant pour quelque temps. À la création, le personnage a été pris en charge par un acteur adulte, André Marcon. Les non-dits du dialogue donnent à tout l'échange conversationnel un parfum étrange, la banalité apparente des propos échangés s'appuyant sur le caractère ambigu de la situation :

> « TOMMY. – Est-ce que j'ai parlé pendant mon sommeil ?
> SARAH. – Non, non ! Vous n'avez rien dit, vous étiez très calme au contraire, vous dormiez à poings fermés.
> TOMMY. – J'avais vraiment les poings fermés ?
> SARAH. – Non, pas vraiment... C'est une façon de dire, une expression consacrée.
> TOMMY. – Et... est-ce que vous vous êtes penchée sur moi pendant mon sommeil ?
> SARAH. – Non, je ne me suis pas penchée sur vous.
> TOMMY. – Ah bon !
> SARAH. – Pourquoi ? »

Toute analyse du dialogue doit prendre en compte la relation dialectique qui s'instaure entre le personnage et sa parole. Bien que celui-ci ne préexiste pas vraiment à ce qu'il dit, les jeux d'identité et les écarts entre la parole attendue (celle qui devrait convenir à la situation), et la parole effectivement proférée, donnent à certains dialogues d'aujourd'hui une couleur étrange. La « conversation » y subsiste comme un fil conducteur, même si elle n'en constitue pas le noyau.

2. Tressages et entrelacements du dialogue

La vraie conversation se caractérise aussi par le caractère aléatoire de l'enchaînement des répliques et par un enchevêtrement des sujets qui n'obéit qu'au désir de ceux qui parlent. Les linguistes ont repéré des règles de la conversation que les participants suivent plus ou moins consciemment pour que la parole puisse advenir et se développer. Les écarts par rapport à ces règles dans les prises de parole font sens dans la conversation comme dans les dialogues qui s'en inspirent. Des dramaturges s'intéressent depuis longtemps à une « parole en éclats » dont la distribution par répliques obéit moins à la nécessité de construire un discours qu'à celle de saisir le mouvement de la parole, ses flux et ses reflux, ses hésitations, ses ratages et ses obsessions. Ce processus d'écriture ne repose pas sur l'intérêt ou la clarté des énoncés mais sur les rituels sociaux, les rapports de force et les mouvements de la conscience qui construisent l'énonciation.

Ces textes résistent parfois à la lecture si bien qu'ils valent à leurs auteurs la réputation d'être difficiles ou obscurs. Or, l'enchevêtrement apparent des répliques, soigneusement organisé, se clarifie en général lors du passage à la scène puisque l'intérêt se déplace de ce qui est dit à ce qui conduit le personnage à prendre la parole. Il s'agit en effet de reconstruire dans la mise en scène ou dans la lecture du texte de théâtre tout l'appareil extra-linguistique qui accompagne le discours ; c'est lui qui fait sens, et non le discours proprement dit comme nous le souffle la tradition.

Cette impression d'obscurité est aggravée par une forte dose d'implicite existant entre les personnages ; comme dans une vraie conversation, l'auteur ne leur fait dire que ce qui est nécessaire à l'échange d'informations entre eux. Il ne respecte pas une convention ordinaire du dialogue selon laquelle, dans le processus de communication théâtrale, toutes les informations sont destinées au premier chef au lecteur ou au spectateur, quitte à ce que, comme dans certaines scènes d'exposition classiques, ils se redisent longuement tout ce qu'ils savent déjà, y compris leur identité et leur biographie, pour le seul bénéfice du tiers spectateur.

Anne Ubersfeld parle, à ce sujet, de « dialogue troué », plus troué en tout cas que l'échange théâtral ordinaire. Tout le pari que fait cette écriture est de protéger l'implicite qui préside aux échanges entre les personnages en ménageant une quantité suffisante d'informations ou de repères pour que le lecteur n'en soit pas définitivement exclu.

Ainsi, ce début du morceau intitulé « L'ouverture du colis de dattes » qui ouvre *Nina, c'est autre chose* (L'Arche, 1978), de Michel Vinaver, où plusieurs sujets de préoccupation des deux personnages s'enchevêtrent de manière pourtant logique dès lors qu'on est sensible aux implicites qui commandent les prises de parole :

> « SÉBASTIEN. – Veulent me faire passer chef d'équipe
> CHARLES. – Mais raconte

SÉBASTIEN. – J'ai raconté dix fois

CHARLES. – Comment elle t'a écarté les genoux

SÉBASTIEN. – C'est elle qui a écarté les genoux

CHARLES. – Oui c'est elle et puis on ne refuse pas l'avancement

SÉBASTIEN. – J'ai pas le goût du commandement

CHARLES. – Le côté à ouvrir c'est ici

SÉBASTIEN. – Elle avait de petites clochettes accrochées à ses bracelets à son collier

CHARLES. – Moi j'ai peur pour Nina chez nous c'est pas la place qui manque elle se fera toute petite déjà qu'elle fait pas un mètre soixante

SÉBASTIEN. – Chez nous

CHARLES. – S'ils te proposent de passer chef d'équipe c'est parce qu'ils pensent que t'es capable d'être chef d'équipe

SÉBASTIEN. – Elle avait un long collier qui faisait le va-et-vient sur mon ventre

CHARLES. – Le patron un de ces prochains soirs il va la suivre il va monter jusqu'à sa chambrette hier soir elle s'est régalée t'as vu ? Le lapin elle adore ça elle s'est resservie deux fois ça vaudrait mieux qu'elle déménage »

Les enjeux de la parole ne sont pas donnés d'emblée, ils s'éclairent à mesure que le dialogue se développe et aucune obscurité « gratuite » n'entre dans ce dialogue. Plusieurs sujets s'enchevêtrent logiquement dans les consciences : l'ouverture du colis de dattes ; le souvenir érotique de celle qui les envoie ; l'urgence d'une préoccupation récente pour Sébastien, passer ou ne pas passer chef d'équipe ; faire venir Nina chez « eux » pour Charles. Rien n'est explicitement développé en termes d'information massive puisque le dialogue prend la forme d'une conversation où les personnages extérieurs à la parole sont parfaitement connus des sujets parlants.

Vinaver a précisé dans un texte paru sous le titre « Une écriture du quotidien » (*Écrits sur le théâtre*, pp. 126 et suivantes) ce qu'il entendait par « Entrelacs » et comment le sens se construisait progressivement sans que rien ne soit donné d'emblée :

« Le flot du quotidien charrie des matériaux discontinus, informes, indifférents, sans cause ni effet. L'acte d'écriture ne consiste pas à y mettre de l'ordre, mais à les combiner, tels, bruts, par le moyen de croisements qui eux-mêmes se chevauchent. C'est l'entrelacs qui permet aux matériaux de se séparer pour se rencontrer, qui introduit des intervalles, des espacements. Peu à peu tout se met à clignoter. »

Ici, l'ouverture du colis de dattes se croise avec l'ouverture des jambes, l'ouverture de la maison à une personne extérieure avec l'ouverture à la nouveauté (Nina, un nouveau poste) ; le rêve érotique ancien de Sébastien avec l'urgence amoureuse de Charles. Autant de « va-et-vient » du sens qui introduisent en mineur la plupart des thèmes qui sont développés dans le premier morceau et dans la totalité de la pièce.

L'entrelacement devient plus complexe quand les personnages sont nombreux, que les répliques se croisent et que l'auteur fait de l'implicite la pièce maîtresse d'un jeu avec le lecteur où le dévoilement du « sujet » moteur du dialogue est au cœur de la dramaturgie. Ainsi ce fragment d'une scène d'*Usinage* de Daniel Lemahieu, intitulée « La table de mariage (b) » (Théâtre Ouvert/ Enjeux, 1984) :

> « *(Un à un ils entrent.)*
>
> LE PÈRE. – Je n'ai pas su l'empêcher
> LA MÈRE. – Tu avais bien besoin de traverser sans regarder
> LA SŒUR. – Mais il a traversé en regardant
> LA MÈRE. – Pas derrière lui si y avait quelque chose qui le suivait
> LA TANTE. – Pis y avait un suiveur
> L'ONCLE. – N'envenime pas les choses c'est pas le moment
> LE COPAIN. – Y en a pas un ? Personne qui pourrait m'aider à le ramasser ? Il pousse des p'tits cris il vit encore faut croire
> LE PÈRE. – Qu'est-ce que tu attends ?
> LA MÈRE. – Qui ? Moi ? J'ai le cœur qui lève
> LE PÈRE. – Faut être deux dans l'état où il est
> LA SŒUR. – C'est des chauffards parce qu'ils ont une voiture ils ne se sentent plus
> LA MÈRE. – Pisser plus pisser va jusqu'au bout
> LE MARIÉ. – Elle est restée près de lui elle pleure et l'autre qui n'arrête pas de gémir
>
> *(La mariée entre tenant un chien ensanglanté.)* »

Cette séquence dialoguée fonctionne à partir d'une double interrogation du lecteur. L'événement principal (l'accident du chien) n'est pas précisément annoncé dans le texte. Il reste longtemps indécis. Il s'agit probablement d'un accident comme l'indique le lieu commun « traverser sans regarder » où est intervenue une voiture (l'allusion aux « chauffards »). L'indécision sur l'identité de la victime subsiste encore plus longtemps. Celle-ci est désignée par des pronoms ou des vocables indéfinis, des impersonnels, le mot « chien » n'est jamais employé. Lemahieu joue avec les règles de la communication théâtrale. Puisque les personnages connaissent la victime, ils n'éprouvent pas le besoin de la désigner précisément dans la conversation. Leurs interventions verbales les ramènent à leurs propres réactions, à leur rapport éventuel à l'événement, pas à l'événement lui-même. La didascalie donne enfin la clef de l'énigme. L'attente et l'ambiguïté forcent à jouer au jeu des hypothèses. La confrontation d'une conversation anodine et d'un événement sanglant fait apparaître une sorte de malaise intéressant sur le plan dramatique, pertinent du point de vue de la construction du sens global. La mariée ou le marié (qui était ivre et malade dans la séquence précédente), ou même un autre personnage, aurait pu être accidenté. Le mélodrame (« accidenté le jour de ses noces ») n'a pas lieu, mais il est esquissé, suggéré comme un « possible » dramatique pour être ensuite mieux esquivé. Tous les accidents de sens sont dès lors possibles dans le moment de vacuité où le lecteur est livré aux conjectures, comme dans la confrontation entre l'image violente et le dialogue anodin, pour un drame banal qui n'aboutit jamais à une vraie crise.

Il s'agit toujours d'un matériau troué qui relève de la conversation. Lemahieu en accentue les effets de syncope et d'indécision, « le déboîtement des répliques qui s'ajustent trop bien » comme dit J.-P. Sarrazac. On ne sait pas toujours à quoi la réplique se réfère, et à la lecture, on ne sait pas toujours non plus à qui elle s'adresse. Elle peut même, au moment où elle est proférée, n'avoir qu'un rapport indirect avec la situation immédiate, enfermant le personnage dans un discours qui rend surtout compte de ses émotions de l'instant et de ses stratégies personnelles.

Des expériences encore plus radicales conduisent à des écritures où ne subsistent que des lambeaux de répliques qui se croisent, à un dialogue éclaté dont la reconstitution en fonction de critères conventionnels n'est plus guère possible. Elles s'accompagnent, comme nous l'avons vu, d'une façon différente d'envisager l'espace et le temps. Ces espèces d'oratorio constituent une sorte de limite du dialogue dont le personnage est définitivement exclu, et, pour certains critiques, ils ne révèlent qu'une impasse de la dramaturgie. En revanche, la parole peut redevenir l'essence de la théâtralité, quand tout ce qui se joue s'inscrit en fonction de la nécessaire fragilité de son émergence.

3. Le théâtre de la parole

Ayant fait leur deuil du récit perdu dont parle Jean-François Lyotard à propos de l'époque postmoderne, des dramaturges se placent résolument sur le terrain de la « pratique langagière » et de « l'interaction communicationnelle ». Ce qui importe dès lors, en l'absence de toute quête d'un récit et même de tout discours, est moins la pertinence des énoncés que l'intérêt des circonstances de leur apparition. Le terrain de prédilection de Nathalie Sarraute, par exemple, est vraiment celui de la parole et de tout ce qui l'entoure, les pulsions qui poussent à parler et révèlent les enjeux sociaux et les failles intimes de ceux qui s'engagent sur le terrain dangereusement miné non de la *langue* mais de la *parole*, pour reprendre l'opposition saussurienne. Le vrai « sujet » de son théâtre est donc à chercher du côté d'une mise en scène de la parole, affranchie du poids des personnages. Sans grande identité sociale et sans profil psychologique, les « H » et les « F » de son théâtre identifient seulement les sujets parlants, les énonciateurs qui commandent la réplique et règlent les échanges.

Si l'intérêt du dialogue ne se trouve pas du côté de ce qui est dit et le sens du côté des énoncés, il est à chercher du côté de la façon dont les choses sont dites, des intonations, des hésitations, des silences, des soupirs, des retenues, dans l'exercice performatif du langage, et d'un point de vue théorique, dans la pragmatique qui étudie le caractère factuel de la parole.

Certains titres de son théâtre *(C'est beau, Elle est là, Pour un oui ou pour un non)* sont autant de signes de l'importance d'énoncés anodins dès lors que s'y attachent des enjeux humains, que ceux qui parlent et ceux qui écoutent manifestent une formidable attention aux signes les plus discrets qui accompagnent l'apparition de la parole :

> « C'était d'eux que tout provenait : un sourire, un regard, un mot glissé par eux en passant et cela surgissait tout d'un coup de n'importe où, de l'objet le plus insignifiant - l'atteinte la plus secrète, la menace. »
>
> *Martereau.*

On comprend dès lors que le drame qui se joue entre H1 et H2 dans *Pour un oui ou pour un non* (Gallimard, 1982) est d'une futilité totale et en même temps d'une importance absolue, puis-

qu'il s'agit pendant toute la pièce de mesurer la façon dont
« C'est bien... ça » a été prononcé par l'un des deux amis d'enfance à l'adresse de l'autre, et s'il s'agit de l'origine « légale » (il
y a une tentative pour désigner un jury) du vague malaise qui
règne depuis lors entre eux. Nathalie Sarraute ne choisit pas le
terrain des affrontements tonitruants mais celui, infiniment dis-
cret et tout aussi meurtrier, du tout petit détail dont on se souvient
à peine et qui a pourtant laissé une trace indélébile dans la conscience. Elle traque avec obstination et avec humour la faille, la
craquelure, l'intonation qui a soudain révélé un abîme de mépris,
de condescendance ou d'indifférence :

> « H1. – Maintenant ça me revient : ça doit se savoir... Je l'avais
> déjà entendu dire. On m'avait dit de toi : « Vous savez, c'est
> quelqu'un dont il faut se méfier. Il paraît très amical, affec-
> tueux... et puis, paf ! pour un oui ou pour un non... on ne le
> revoit plus. » J'étais indigné, j'ai essayé de te défendre... Et
> voilà que même avec moi... si on me l'avait prédit... vraiment,
> c'est le cas de le dire : pour un oui ou pour un non... Parce que
> j'ai dit : « C'est bien, ça »... oh pardon, je ne l'ai pas prononcé
> comme il fallait : « C'est biiiien... ça. »
> H2. – Oui. De cette façon... tout à fait ainsi... avec cet accent mis
> sur le « bien »... avec cet étirement... Oui, je t'entends, je te
> revois... « C'est biiien... ça... » Et je n'ai rien dit... et je ne pour-
> rais jamais rien dire...
> H1. – Mais si, dis-le... entre nous, voyons... dis-le... je pourrai
> peut-être comprendre... ça ne peut que nous faire du bien...
> H2. – Parce que tu ne comprends pas ?
> H1. – Non, je te le répète... je l'ai sûrement dit en toute innocence.
> Du reste, je veux être pendu si je m'en souviens... J'ai dit ça
> quand ? À propos de quoi ? »
>
> *Pour un oui ou pour un non*

L'écriture de Nathalie Sarraute s'accompagne d'un affaiblissement du personnage au sens traditionnel du terme au profit de
l'interaction verbale qui le caractérise mieux que ne saurait le
faire tout autre signe.

Il est difficile d'affirmer qu'elle ait fait école. Sa zone d'influence est large et diffuse dans la mesure où elle donne à la
parole scénique son poids immédiat de théâtralité et que par là
elle rend caduques les manifestations plus épaisses du drame traditionnel. Dans son théâtre plus qu'ailleurs, la parole est action et
les conflits se nouent au cœur même de l'activité langagière.
C'est sans aucun doute, quelles que soient les formes que prend

leur dialogue, une des préoccupations de beaucoup d'auteurs contemporains.

Toute parole est gagnée sur le silence. C'est de ce point de
départ qu'on peut le mieux mesurer ce qui se joue dans le dialogue. Aux extrêmes, une parole pléthorique qui se gonfle de sa
propre valeur et emplit l'espace jusqu'à le saturer ; une parole
laconique qui évide le langage et se laisse trouer par le silence. Le
dialogue tressé est une façon de sortir de l'alternative et de faire
s'entrechoquer les répliques sur un mode davantage musical,
comme autant de thèmes repris par différents instruments.

Le théâtre contemporain ne privilégie sans doute aucun de ces
modes. Il subit de plein fouet l'influence du dialogue pseudo-
réaliste emprunté au modèle de la communication télévisuelle où
l'on croit toujours aux vertus d'une parole explicite et sans
aspérités. Quantité de textes se situent dans une zone prudente, en
deça de toute expérimentation. Les autres ont fait de la parole leur
champ de manœuvre et n'ont pas fini d'explorer les stratégies de
l'interaction verbale. Ils investissent surtout les territoires de l'intime et des micro-situations.

Il reste à envisager comment le théâtre s'attaque directement
au langage pour le mettre en question ou le renouveler et comment, depuis le théâtre de l'absurde, il joue encore avec les mots.

IV. Le théâtre tel qu'on le parle

Le théâtre français repose sur la tradition historique d'une « belle langue », celle du XVIIe siècle, qui lui a valu la réputation d'un théâtre fait pour être « dit » plus que pour être incarné. Ses représentations souffrent parfois d'une sorte de déficit corporel, comme si la voix ne faisait pas partie du corps ou que l'on pouvait entièrement faire confiance au verbe pour tout exprimer. C'est peut-être pour cette raison que l'avant-garde des années cinquante s'est attaquée à la langue en mettant en avant sa fragilité, son manque de sûreté comme outil de communication ou en exhibant la théâtralité comique de ses clichés. Contre une tradition dite « littéraire » qui parcourt le théâtre français depuis les origines, des auteurs marquaient ainsi l'insuffisance du verbe et son incapacité à tout transmettre avec une égale autorité.

Les auteurs du théâtre du quotidien, en revanche, s'attachèrent à la difficulté à dire de leurs personnages, à la douleur de l'aphasie et à la résistance du langage quand il s'agit d'exprimer une souffrance sociale qui ne trouve pas ses mots ou qui existe au-delà des mots. Ainsi se développèrent des dialogues laconiques et fragiles, au vocabulaire réduit si on les juge à l'aune de « la belle langue » (celle d'un Giraudoux) ou de la langue explicite (celle d'un Anouilh, voire d'un Sartre ou d'un Camus) utilisée par des personnages toujours prompts à décrire et analyser leurs comportements et leurs humeurs.

La question qui demeure posée est l'adéquation de la langue au réel, notre tendance à la juger sur sa capacité à être lisse, claire, sans équivoque et sans obscurité. Plusieurs tentatives modernes interrogent cette qualité et sûreté de la langue ainsi que l'omniprésence de l'auteur derrière « ses » mots. Des dramaturges renouent avec un courant d'écrivains qui ne considèrent pas la langue comme acquise, qui s'efforcent de la dynamiter ou tout simplement qui « merdrent », pour reprendre le titre du livre de Christian Prigent, *Ceux qui merdrent,* (P.O.L., 1991) où il s'interroge sur la difficulté des écrivains à être modernes, après la fin des avant-gardes et la fin des utopies.

La linguiste Catherine Kerbrat-Orecchioni s'efforce de distinguer la langue théâtrale de la langue quotidienne en notant dans un article de la revue *Pratiques*, n° 41, « Pour une approche pragmatique du dialogue théâtral » que « le discours théâtral élimine nombre de scories qui encombrent la conversation ordinaire (bredouillements, inachèvements, tâtonnements, lapsus et reformulations, éléments à pure fonction phatique, compréhension ratée ou à retardement) et apparaît comme bien édulcoré par rapport à la vie quotidienne ». Elle oublie du même coup toute une tendance de la littérature et de la langue théâtrale en particulier, à « merdrer », à se développer à partir de ces ratages, de ces inachèvements et de ces à-peu-près.

Roland Barthes disait que pour faire parler le corps il fallait :

> « l'articuler, non pas sur le discours (celui des autres, celui du savoir ou même le mien propre) mais sur la langue : laisser intervenir les idiomatismes, les explorer, les déplier... Par cette voix le corps s'engendre à même la langue : idiomatismes et étymologismes sont les deux grandes ressources du signifiant. »
>
> *Le Bruissement de la langue,* Seuil, 1984

Un dramaturge comme Daniel Lemahieu se souvient de Barthes quand il déclare vouloir faire « un théâtre sur la langue » en explorant ses scories et en se situant dans ce que Prigent appelle « la boue de la langue ».

Le postmodernisme a comme balayé toutes ces « expérimentations » si bien qu'une sorte de méfiance règne aujourd'hui contre tous les essais de perturbation de la langue académique que l'on renvoie aux amusements de la vieille avant-garde ou aux inévitables gammes par lesquelles passent les jeunes auteurs avant de devenir raisonnables, une fois qu'ils ont oublié Céline et Rimbaud, Jarry et Rabelais.

Les exemples que nous proposons risquent, par rapport à une étude quantitative, de donner une image fausse des écritures d'aujourd'hui. Du côté du lexique comme de la syntaxe, l'ensemble des textes auxquels nous avons accès manifestent une sorte de

prudence. Une sorte de « langue moyenne », parfois plus télévisuelle que vraiment théâtrale, pas très riche en écarts par rapport
aux normes admises, semble l'emporter. Quand nous sommes
tentés d'apprécier la langue théâtrale à l'aune de la langue
« réelle », il est bon de se souvenir de l'ironie de Jean Genet dans
« Comment jouer *Les Bonnes* » :

> « Lors de la création de cette pièce, un critique théâtral faisait la
> remarque que les bonnes véritables ne parlent pas comme celles
> de ma pièce : qu'en savez-vous ? Je prétends le contraire, car si
> j'étais bonne je parlerais comme elles. Certains soirs. »

Il est pourtant difficile d'affirmer sur ce point une sorte d'una-
nimité des tendances. Le laconisme d'une langue dégraissée de
tout excès voisine avec les flamboiements des textes d'un Jean
Vauthier ou dans un autre registre, d'un Valère Novarina. La
vraie question demeure celle de l'adéquation de la langue au réel.
Faut-il rappeler que le théâtre survit mal dans l'univers trop lisse
de la communication, quand tout devient égal et que la moindre
obscurité est dénoncée comme une faute de goût ?

1. L'être dépossédé de son langage : automatismes et dérision

> « On parle beaucoup du langage en ce moment, c'est comme si
> les gens s'étaient soudain aperçus que, depuis des dizaines et des
> dizaines de milliers d'années, ils parlaient. Maintenant on essaie
> de savoir ce que parler veut dire. On fait certaines confusions,
> volontairement ou non. Un langage c'est une pensée. C'est aussi
> la manifestation de la pensée. Le langage est une chose, la façon
> de parler en est une autre. La façon de parler peut être une tri-
> cherie. On confond une certaine façon de parler avec un langage
> certain. »

Ainsi Ionesco avance-t-il, dans son *Journal en miettes*, sa perception du langage, l'angoisse qui saisit l'être quand il n'est pas en
accord avec « son langage » et qu'il a l'impression que celui-ci a été
remplacé par l'angoissante prolifération des lieux communs. Plus il
en profère, plus il étouffe sous leur terrifiante banalité et plus il perd
pied à la recherche de son être. Ce point de vue métaphysique sur
le langage (qui sommes-nous si nous ne sommes pas notre lan-

gage, ou si un langage mort s'impose à nous chaque fois que nous ouvrons la bouche ?) s'exprime de manière obsessionnelle dans toutes ses pièces :

> « Divorce entre l'être et la pensée, la pensée, vidée de l'être, se dessèche, se rabougrit, n'est plus une pensée. En effet, la pensée est l'expression de l'être, elle coïncide avec l'être. On peut parler sans penser. Il y a pour cela à notre disposition les clichés, c'est-à-dire les automatismes. Il n'y a de vraie pensée que vivante. »

En relisant aujourd'hui ces textes, fondateurs du « théâtre de l'absurde », on se demande si un glissement ne s'est pas opéré dans la réception d'un théâtre où les clichés et les automatismes ont été apprivoisés par tant de représentations « comiques », qu'ils ont perdu pas mal de leur force décapante et glissé dans le fatras d'un discours général sur la « non-communication ». Pourtant, « Sur les ruines du langage plane le néant » écrit Michel Corvin *(Le Théâtre nouveau en France)* à propos de Ionesco dont il rappelle la brutalité et la violence.

On croit percevoir une sorte d'interrogation du même type dans la préface de Jean Tardieu à *La Comédie du langage* (Gallimard, 1966, Folio, 1987), qui raconte comment, obsédé par « la recherche fondamentale des vertus et des limites du langage » et aussi par l'humour, il a été joué un nombre incalculable de fois par des jeunes de toutes les communes de France dans les années 50-60. Classé dans le « théâtre de l'absurde » par Martin Esslin, il s'amuse de ce que son théâtre est devenu à la fois « très répandu... et très clandestin ».

Tardieu s'est intéressé à une recherche sur la musicalité des mots et sur les rythmes dans le dialogue, et s'il se dégage une philosophie sombre de beaucoup de ses œuvres, il est plus connu comme l'auteur de comédies légères jouant allègrement avec les mots.

Son préambule à *Un mot pour un autre* annonce la couleur de son ironie et à propos du « mal dont souffre le vocabulaire » il rappelle « que nous parlons souvent pour ne rien dire ». Ainsi commence le dialogue entre Madame de Perleminouze et sa servante Irma, « dans un salon plus 1900 que nature ».

> « IRMA *(Entrant et apportant le courrier)* – Madame, la poterne vient d'éliminer le fourrage...
> MADAME : *prenant le courrier. – C'est tronc ! Sourcil bien ! (Elle commence à examiner les lettres, puis s'apercevant qu'Irma est toujours là.) Eh bien ma quille ! Pourquoi serpez-vous là ? (Geste de congédiement.)* Vous pouvez vidanger ! »

Le dialogue est inutile, en effet, si on estime que l'action banale se suffit à elle-même. Les jeux du signifiant et du signifié et les choix phonétiques construisent des dialogues musicaux dont les écarts de sens assurent le comique.

Beckett, comme nous l'avons vu, entretient une relation différente avec le langage de ses personnages, inaptes à échapper au ressassement et aux lieux communs, et qui construisent péniblement des lambeaux de dialogues qui servent généralement à continuer, même s'il leur arrive aussi, prenant un mot pour un autre, de déclarer qu'une puce ne se tient pas « coite » mais « coïte » comme le fait Clov dans *Fin de partie*.

Nous avons tendance à placer sous la même rubrique tous les auteurs qui mettent en doute la valeur du langage ou qui le tournent en dérision et parfois, avec le temps, à relire certains textes comme d'aimables facéties remontant aux surréalistes et à l'écriture automatique. Les premières intentions radicalement destructrices des auteurs de l'absurde se perdent de vue dans la mesure où « jouer avec la langue » est une pratique qui s'est banalisée et qui, hors contexte, a perdu de sa virulence. *Le Saperleau* (Solin) de Gildas Bourdet a obtenu en 1982 un grand succès public en s'amusant des archétypes du vaudeville :

> « LE SAPERLEAU. – Wouollala ! Mon Dieu ! L'envie de la lui cailler une déglinguée, chambre et pneu ! Si je ne m'y retenais ! *(À part.)* C'est vrai qu'elle est vénusille, moussue, rebondinette et tout et comme !
>
> MORVIANNE. – Alors, alorzydonc ! Pilonne si tu l'oses ! Ben quoi ? Tu t'débronches ? Tu gélatinolles de m'embrusquer ? Grâsniaiseux. »

Pourtant, quand le dialogue ne transmet rien d'autre que l'inanité générale du langage, il est difficile de rester attentif à des personnages parodiques et absents de leur propre discours. Après toutes les exégèses métaphysiques ou politiques du « nouveau théâtre », peut-être faut-il revenir à ce premier constat, simplement dramaturgique. Ça parlait toujours mais ça ne pouvait plus se traduire avec certitude en termes de sens. L'étiquetage global qui s'ensuivit permettait de pousser un soupir de soulagement ; puisqu'il s'agissait « d'absurde », ces écarts ainsi nommés rentrèrent dans la norme et, à la limite, redevinrent susceptibles d'être étudiés et joués partout.

Les relectures d'aujourd'hui ne peuvent plus se satisfaire d'une approche aussi générale, les écarts ou les fantaisies linguistiques pouvant correspondre à des dramaturgies très différentes, selon qu'ils viennent d'une volonté générale de l'auteur, d'un personnage auquel la langue vient à manquer, d'un manque à dire ou d'un rien à dire, d'une béance entre le projet du personnage et ce qu'il profère. Les écarts et les contradictions entre la parole et l'action sont un autre moteur d'écritures dont le comique de surface, dans le meilleur des cas, ne devrait pas masquer la douleur ou la violence.

La mise en crise du langage s'attaque aussi, plus subtilement, à la façon dont les personnages s'expriment d'une façon qui ne correspondrait pas à leur état dans la réalité, où ils sont investis d'une langue qui n'est pas la leur en fonction des normes sociales. Insidieusement, Jean Genet dresse des pièges esthétiques où la « belle langue » et la poésie ne véhiculent pas ce que l'on attendait d'elle ou ce qu'il était attendu que le personnage dise. Ainsi, dans *Les Bonnes*, Claire jouant Madame et s'adressant à Solange qui cire des escarpins vernis en crachant dessus :

> « Je vous ai dit, Claire, d'éviter les crachats. Qu'ils dorment en vous, ma fille, qu'ils y croupissent. Ah ! ah ! vous êtes hideuse, ma belle. Penchez-vous davantage et regardez dans mes souliers. (Elle tend son pied que Solange examine.) Pensez-vous qu'il me soit agréable de me savoir le pied enveloppé dans les voiles de votre salive ? Par la brume de vos marécages ? »

Genet emprunte au monde bourgeois qu'il déteste les raffinements d'une langue dont il investit les bonnes, les nègres ou les arabes des *Paravents*. Déplacer la langue est aussi une façon de la faire entendre de manière différente et de dévoiler ses enjeux politiques. Le hiatus entre le personnage et la langue qu'il parle interroge aussi sa dépossession, mais celle-ci n'a plus rien de métaphysique.

2. La parole des gens et le « mal à dire »

La langue que parlent les personnages du « théâtre du quotidien » révèle un « mal à dire », une douleur dans la difficulté ou l'impossibilité de dire le monde. La parole y est rare, souvent convenue, le dialogue s'alourdit de silences. Le lexique est limité aux mots de l'usage courant. Parfois, le stéréotype règne en maître.

Nulle intention de dérision délibérée pourtant quand ces « gens ordinaires » parlent le « langage ordinaire » et qu'ils butent sur une douleur secrète et l'impossibilité d'en dire davantage. On ne peut parler de naturalisme car il s'agit rarement d'une recherche d'imitation absolue d'un parler. En changeant leurs centres d'intérêt et en s'intéressant au quotidien, les auteurs rencontrent une très ancienne difficulté de notre théâtre, celle de donner la parole à des personnages populaires et de les faire s'exprimer sans les caricaturer. Faire parler des ouvriers ou des « travailleurs » sur une scène, en dehors d'un système de conventions et sans leur prêter à des fins subversives le langage de la bourgeoisie comme le fait Genet, n'est pas une pratique ordinaire de notre théâtre.

Georges Michel s'était lancé dans l'aventure d'un langage fait de vérités toutes faites et de banalités, s'attaquant aux peurs de la majorité silencieuse et à ses manifestations de violence, à l'inanité d'une existence manipulée par la publicité et par les désirs que crée la société de consommation, comme dans *La Promenade du dimanche* (Gallimard, 1967) :

> « *Le fils s'est arrêté devant la vitrine d'un photographe.*
>
> LE FILS. – Je veux une photo.
> LE PÈRE. – Non.
> LE FILS. – Si.
> LE PÈRE. – J'ai dit non.
> LA MÈRE. – Quoi, quelle photo ?
> LE FILS. – Je veux une photo.
> LA MÈRE. – Mais quelle photo ?
> LE FILS, *très fier*. – Une comme celle qui est sur la cheminée...
> LE PÈRE, *très fier*. – C'est celle où je suis militaire...
> LA MÈRE. – Tu l'auras, tu l'auras...
> LE FILS. – Je la mettrai à côté de celle du jour de ma première communion... et au milieu je mettrai celle de mon mariage... »

Mais de tels personnages restent loquaces et manifestent le point de vue militant de l'auteur sur le monde, leur façon de s'exprimer découlant de la façon dont les institutions les manipulent et les conditionnent. La véritable innovation d'un théâtre du constat qui a marqué les années soixante-dix, réside dans le silence particulier qui découle de l'échec de la parole et du malaise qui participe à cet échec. L'Autrichien F.X. Kroetz atteint les limites d'une telle intention quand il écrit *Concert à la carte* (L'Arche, 1976) pour le personnage de Mademoiselle Rasch qui ne dit strictement rien et se livre à une sorte de pantomime muette. Il précise son projet dans le prière d'insérer :

> « J'ai voulu briser une convention qui est non réaliste : la loquacité. Ce qui caractérise le plus nettement le comportement de mes personnages, c'est le mutisme, car leur langage ne fonctionne pas. »

Ce silence est d'une autre nature que celui, à valeur psychologique et chargé d'exprimer le « non-dit » ou le « sous-texte », que l'on rencontre dans le dialogue mettant en scène des personnages qui développent par ce biais toute une stratégie de la parole. Ici, le silence correspond plutôt au constat d'un vide. Si rien n'est dit, c'est qu'il n'y a rien à dire et il ne fait que révéler une béance.

Encore faut-il que ce silence trouve sa nécessité, qu'il s'ancre dans les corps et qu'il ne soit pas décrété par le dramaturge posant un regard d'entomologiste sur des personnages qu'il fait parler avec parcimonie. Il est tentant de regarder de haut des personnages peu « brillants » linguistiquement et théâtralement.

Jean-Paul Wenzel, dans *Loin d'Hagondange* (Théâtre Ouvert/ Stock, 1975), met en scène deux retraités qui ont quitté leur ville d'origine pour le rêve d'une existence tranquille à la campagne. Le choc de la nouvelle vie et l'ennui qui s'empare d'eux loin de leurs bases et de la routine du travail les pousse vers la mort. La parole ne leur est que d'un modeste secours dans le grand vide de leur nouveau quotidien :

> « GEORGES. – Je prendrais bien une tasse de thé.
> MARIE. – C'est étrange... Ce n'est pourtant pas l'heure de prendre du thé ; et puis tu n'en prends jamais... Tu ne veux pas du café, il y en a de prêt, je peux le réchauffer.
> GEORGES. – C'est trop fort, je me sens nerveux, je préfère du thé.
> MARIE. – Je vais faire chauffer de l'eau... Je n'ai que du thé en sachet.
> GEORGES. – C'est dommage. J'aurais bien aimé boire une tasse de thé de Ceylan, c'est ce qu'il y a de meilleur.
> MARIE. – Où as-tu été chercher ça ? tu n'en as jamais bu auparavant. Tu es bizarre depuis quelques temps.
> GEORGES. – À partir d'aujourd'hui je boirai du thé ! N'oublie pas quand tu feras les courses. »

Michel Deutsch, lui, navigue à vue entre les clichés et la tentation de grossir un peu le trait comme dans ce dialogue de *L'Entraînement du champion avant la course* (Stock, 1975) entre Jeanine la bouchère et son amant Maurice :

> « MAURICE. – Qu'est-ce qu'on mange après ?
> JEANINE. – Tu ne veux plus de lapin ?
> MAURICE. – Si je mange trop de lapin je vais avoir l'estomac lourd et si je veux courir il ne faut pas que j'aie l'estomac lourd... or comme chacun sait le lapin se digère difficilement.
> JEANINE. – Mais la course n'a lieu que demain et d'ici là tu aurais eu le temps de digérer.
>
> *Silence. Maurice reprend du lapin et mange avec affectation.*
>
> MAURICE. – Chez les gens chics on ne mange plus de lapin.
> JEANINE. – C'est la deuxième année maintenant qu'une course de vélo a lieu le lundi de Pentecôte.
> MAURICE. – On ne dit pas vélo, on dit bicyclette... de bi et de clette.
> JEANINE. – Ah bon ? et qu'est-ce que ça veut dire ?
> MAURICE. – Je viens de te l'expliquer. »

Moins les personnages sont loquaces et plus le dialogue se veut économe d'effets, plus les intrusions de l'auteur sont apparentes, même quand il résiste à la tentation de faire des « mots », c'est-à-dire à expliquer les personnages en montrant du doigt leurs failles. Sarrazac repère bien le malaise que fait naître cette tendance à surestimer le laconisme des personnages, car la ligne de partage demeure difficile à tracer entre le désir de capter la langue telle qu'elle existe et à fabriquer une langue plus pauvre que nature, à l'exhiber pour en capter les béances, et, tout compte fait, le néant.

C'est probable quand on relit *Charcuterie fine* de Tilly où l'auteur part d'un fait divers et utilise un dialogue laconique pour se livrer, sans ambiguïtés, à un jeu de massacre non dépourvu de cynisme.

Denise Bonal manifeste, elle, une sorte de tendresse amusée pour ses personnages, en tissant ses fables à coups de répliques brèves où perce de temps à autre sa présence légèrement ironique. Mais elle ne les écrase pas d'une quelconque supériorité, ne les

tourne jamais en ridicule. Ainsi le dialogue de deux sœurs, dans
Passions et prairie (Théâtrales, 1987) :

> « LILIANE. – Elle voulait être chirurgien.
> YOLANDE. – Ah ? Je ne me souviens pas du tout. Toi, tu es très
> belle aujourd'hui...
> LILIANE. – Je ne devrais pas. Et Maxence ?
> YOLANDE. – Il ne pourra pas. Des commandes à la pelle, le bou-
> din, le boudin et les communions qui commencent...
> LILIANE. – Pas de boudin pour les communions quand même.
> YOLANDE. – Il est sur une nouvelle création : le boudin à la fram-
> boise...
> LILIANE. – En hors-d'œuvre ou en dessert ?
> YOLANDE. – Comme on veut.
> LILIANE. – Et alors ?
> YOLANDE. – Sublime. [...] »

On comprend mieux que par une sorte de mouvement de bascule, des textes qui suivirent compensèrent ce laconisme du discours, comme nous l'avons vu dans la première partie à propos
des « avatars du récit », par une série de monologues, quasi logorr-
héiques, où les personnages racontaient leur vie, leur passé, et
faisaient le point sur leur situation présente.

Une autre conséquence, dans les années quatre-vingts, est une
tendance à maintenir un dialogue mince mais à recharger son
intérêt en le plaçant en parallèle avec un grand événement, par
exemple une situation historique davantage subie que vécue. Ça
parle peu, mais surtout ça parle « à côté » ou en biais par rapport
au sujet principal. Le laconisme se maintient et rend compte du
microcosme où vivent les « gens », mais il se trouve justifié ou
éclairé différemment par sa mise en parallèle avec les préoccupations qui règnent dans le monde extérieur, la guerre par exemple, comme nous l'avons vu à propos du traitement de l'Histoire
dans *Tonkin-Alger* (Comp'act, 1990) d'Eugène Durif.

Dans ce cas, la langue renoue avec une sorte de néo-réalisme,
un faux abandon à l'« oral » (phrases sans verbe, lexique
familier), mais la vigilance de l'auteur maintient le cap du dialogue vers sa première préoccupation (l'évocation de la guerre
d'Algérie) et empêche toute dérive. Ça reparle pour dire quelque
chose, quitte à ce que la présence de l'auteur devienne un peu
voyante.

Ce que l'on pourrait appeler très globalement le laconisme des
années soixante-dix a pris des formes diverses selon les auteurs.

Contre une tendance de l'écriture à tout dire ou à trop en dire, et à surestimer la parole des personnages jusqu'à la rendre explicite, ce dégraissage du dialogue, idéologique à l'origine, s'est pris à son propre piège en allant cette fois dans le sens d'une sous-estimation de la capacité expressive des « gens ordinaires », jusqu'à risquer le soupçon du mépris. Comme souvent, cette tendance à en dire le moins possible a engendré des maniérismes, et dans ce cas les intentions primitives ont été perdues de vue. Mais le dialogue laconique survit aussi, sans référence à l'origine sociale des personnages, comme une forme d'échange qui privilégierait le jeu et ne laisse à la parole que l'espace d'une expression minimale et non ponctuée. C'est une des caractéristiques de l'écriture de Catherine Anne, comme dans *Éclats* (Actes Sud-Papiers, 1989) :

> « *Marthe tend une lettre. Camille lit.*
>
> CAMILLE. – C'est qui
> MARTHE. – un type
> un pote à mon cousin
> le poker samedi passé tu sais
> je jouais pour la première fois j'ai gagné toute la nuit
> CAMILLE. – oui
> MARTHE. – il était là
> CAMILLE. – vous vous êtes trouvés seuls
> MARTHE. – non
> CAMILLE. – c'est un rapide
> tu as lu cette lettre
> MARTHE. – ben oui
> CAMILLE. – une authentique déclaration
> MARTHE. – ben oui
> CAMILLE. – ça t'amuse
> MARTHE. – ben oui
> CAMILLE. – elle est folle
> MARTHE. – tentée
> CAMILLE. – d'aller chez lui
> MARTHE. – avec toi. »

On retrouve dans ces dialogues les vides et la minceur d'une parole qui, cette fois, n'a sans doute pas de mal à être prononcée mais qui reste en retrait de l'expression du sentiment, comme s'il appartenait exclusivement aux acteurs d'en apporter toute la force.

3. L'écriture et les tentations du langage oral

Le centralisme français laisse peu de place aux parlers régionaux ou à une « langue sale » qui se serait forgée dans les marges ou frottée à des usages particuliers. Statistiquement, les textes sont rares et les exemples que nous donnons ne représentent pas des tendances mais des exceptions.

Les années soixante-dix ont vu naître quelques textes liés aux revendications régionalistes, occitanes par exemple (Le Chêne noir, Benedetto, Le Théâtre de la Carriera). C'est à peu près au même moment que le théâtre québécois, assujetti jusque-là au modèle français, se risque à reconnaître l'existence du joual (déformation phonétique du mot « cheval », dit-on), langue populaire courante du Québec.

Il est curieux de constater que ce sont souvent des dramaturges d'origine étrangère qui se montrent sensibles aux possibilités de la langue française, comme s'ils ne la considéraient pas comme un véhicule transparent destiné d'emblée à la communication ; ils la manient parfaitement mais ils lui attribuent un pouvoir d'étrangeté. Michel de Ghelderode, écrivain belge, a écrit en flamand et en français. La poésie de son langage vient en partie d'une syntaxe inhabituelle et de rythmes qui n'appartiennent pas en propre au français tel qu'on le parle. On sait que Ionesco a déclaré s'être amusé des phrases d'une méthode d'apprentissage des langues pour écrire *La Cantatrice chauve*. Beckett use d'un langage que l'on pourrait qualifier de simple (notamment dans le lexique) s'il n'était étonnamment précis. Plusieurs Sud-Américains, dont Armando Llamas (*Lisbeth est complètement pétée,* Tapuscrit Théâtre Ouvert, 1989), jouent allègrement des niveaux de langue et ne dédaignent pas de recourir à la vulgarité.

À côté de cela, quelques langues forgées de toutes pièces, des sortes de sabirs, surgissent comme un accident dans le paysage calme des écritures. Un auteur qui n'écrit pas dans la langue dominante s'expose à ne pas être diffusé en dehors d'un petit cercle d'initiés. Les dramaturges québécois joués en France l'ont été soit par des comédiens venus du Québec, soit soumis à de curieuses interprétations françaises. Tout récemment, les éditions

« Théâtrales » proposent même des traductions ! Quant à ceux qui forgent une langue à l'usage de leur théâtre, la dramaturgie hésite parfois à les reconnaître comme siens et les rattacherait plus volontiers à la poésie. Il s'agit donc d'un risque réel dont il faut mesurer les attentes ; tout dramaturge en quête de racines populaires dans son écriture n'a pas inévitablement des visées naturalistes. Toute imitation du langage populaire ne produit pas automatiquement un théâtre original et fort, bien au contraire. Quant aux auteurs de sabirs, ils s'exposent à être incompris ou tournés en ridicule.

Les Belles-Sœurs de Michel Tremblay (Leméac, Montréal, 1972) dont la création montréalaise remonte à 1968, demeure exemplaire. Quinze femmes originaires d'un quartier populaire de l'Est de Montréal étaient soudain propulsées sur la scène du théâtre, et surtout elles parlaient leur langue ordinaire, le joual. Dans une dramaturgie ordinairement soumise au modèle français, le spectacle fit l'effet d'un coup de tonnerre. Dans le microcosme d'une cuisine québécoise, en pleine crise nationaliste, on traitait en québécois de l'aliénation du Québec et pour une fois les comédiennes y parlaient à la scène comme à la ville. Les linguistes se sont penchés par la suite sur cet usage du joual, discutant de son authenticité ou de la part d'invention de Tremblay, mais l'événement avait eu lieu :

> « *(Entre Linda Lauzon. Elle aperçoit les quatre caisses posées au centre de la cuisine.)*
>
> LINDA LAUZON. – Misère, que c'est ça ? Moman !
> GERMAINE LAUZON, *dans une autre pièce.* – C'est toé, Linda ?
> LINDA. – Oui. Que c'est ça, les caisses qui traînent dans'cuisine ?
> GERMAINE. – C'est mes timbres !
> LINDA. – Sont déjà arrivés ? Ben j'ai mon voyage ! Ç'a pas pris de temps !
>
> *(Entre Germaine Lauzon.)*
>
> GERMAINE. – Ben non, hein ? Moé aussi j'ai resté surpris ! Tu v'nais juste de partir, à matin, quand ça sonné à'porte ! J'vas répondre. C'tait un espèce de grand gars. J'pense que tu l'aurais aimé, Linda. En plein ton genre. Dans les vingt-deux, vingt-trois ans, les cheveux noirs, frisés, avec une petite moustache... Un vrai bel homme. Y m'demande, comme ça, si chus madame Germaine Lauzon, ménagère. J'dis qu'oui, que c'est ben moé. Y m'dit que c'est mes timbres. Me v'là toute enarvée, tu comprends. J'savais pas que c'est dire... Deux gars sont v'nus les porter dans'maison pis l'autre gars m'a fait un espèce de discours... Y parlait ben en s'il vous-plaît ! Pis y'avait l'air fin ! Chus certaine que tu l'aurais trouvée de ton goût, Linda... »

L'écriture reproduit comme elle peut le langage oral, la syntaxe particulière et les tournures typiquement québécoises (« l'air fin », par exemple, que nous traduirions par « gentil »), mais elle ne peut guère rendre compte de l'indispensable accent. Mis à part la provocation politique d'alors, ce texte marque les retrouvailles de personnages avec « leur langue » et, toute considération folkloriste mise à part, constitue un authentique acte théâtral. Dans la préface, Alain Pontaut salue ainsi l'apparition du texte et fait le point sur les effets de mode qui s'ensuivirent :

> « Ne parlons plus de ce langage puisque, contrairement à des tentatives ultérieures, où il est devenu procédé et fabrication, mode néfaste, défoulement, il est ici nécessité psychologique et dramatique, coïncidence indispensable, adéquation de la forme et du fond, confirmation, preuves extérieures du mal social, politique et moral. Ces personnages traumatisés ne pouvaient pas, ne devaient pas parler une autre langue que celle-ci, familière et souvent pittoresque - plus tard, et gratuitement, on abusera de ses effets comiques et, dès lors, ils cesseront de l'être -, néanmoins raréfiée, tuméfiée, tristement impropre à l'échange, témoignant des médiocrités de l'école, des hypocrisies de l'élite et des réalités de l'assimilation. »

Indépendamment du contexte et de l'époque, particulièrement sensibles ici, cet exemple pose bien le problème de l'empesage et de l'amidonnage de la langue théâtrale et, à l'opposé, du jaillissement verbal qu'autorise l'abandon des interdits académiques dans la recherche d'une langue orale qui soit pertinente. Pour qu'une telle démarche soit possible, il faut que la langue ait des racines, son rythme propre, qu'elle rende compte d'une expérience et d'une culture, et qu'elle ne s'enferme pas dans la triste reproduction d'une « langue orale » qui n'existerait que dans l'esprit de son auteur. Ça n'est pas pour rien que les langues opprimées (on pourrait par exemple songer au créole) trouvent au théâtre une vigueur inattendue. Leur profération s'accompagne de la jubilation liée à la rupture des interdits. Bien qu'il s'agisse ici d'une limite - reste le problème de la communication en dehors du Québec et des effets de mode qui suivirent - cet exemple rappelle qu'il existe aussi une langue de bois au théâtre et que toute écriture nouvelle se confronte au carcan inconscient de règles souterraines. Il n'est ni possible ni souhaitable de les contourner systématiquement par le recours à l'usage populaire, mais la question qui se pose aux écritures nouvelles est bien de trouver un régime linguistique qui déborde les lois ordinaires de la communication bien pensante.

Daniel Lemahieu invente, dans *Usinage* et dans *Entre Chien et loup*, une langue qui emprunte au parler populaire du Nord ses racines, mais qui, plus largement, cherche son rythme heurté et sa syntaxe déroutante dans diverses formes régionales. Il ne s'agit pourtant pas d'une langue vraiment identifiable dans la réalité, même si on y rencontre des belgicismes, des « t'a pas rien vu ? » ou des « m'tits cris » et sans doute aussi quelques emprunts au québécois. Ses personnages populaires ne s'expriment pas « pauvrement » et la Marie-Lou d'*Usinage* raconte sa vie dans un parler imagé et sans détours. L'aliénation économique et la souffrance au quotidien n'engendrent aucun pathétique ; Marie-Lou manifeste une sorte de santé qui résiste à toutes les catastrophes et n'est pas dépourvue d'humour :

> « À la va-vite. Ça s'est fait comme ça. J'en revenais même pas. Astheur j'en suis revenue parce qu'avant avec l'Albert. Bébert. Le bel Albert. Le monte-en-l'air. C'était plutôt par terre qui y montait après l'Albert noyé dans ses chopes. Alors je peux dire. Ça s'est passé comme ça. On s'a marié à Estaimpuis en Belgique toujours. Tout l'argent qu'a été dépensé alors ça s'est divisé par deux. On n'est pas parti en voyage de noces. On a été aller coucher chez la famille en France. C'est comme ça qu'après on a resté à Roubaix. Oui. Depuis que je suis été mariée ça m'avait coupée. Oui. Plus jamais. D'ailleurs y était mort Bébert la chopine. [...] »

Serge Valletti, lui, maintient dans la plupart de ses textes le souvenir d'un parler marseillais qui éclate au détour d'une réplique, parfois clairement identifiable par un « peuchère » sans équivoque, parfois fondu dans la syntaxe fantaisiste qui traduit des formes simplement familières.

L'un comme l'autre ne s'imaginent pas du tout comme des auteurs « régionaux » et ne visent absolument pas la présentation exacte de personnages dont l'identité serait en premier lieu géographique. S'ils parlent comme ils le font, c'est que leur langage épouse ce qu'ils disent, dans le rythme et dans les choix lexicaux. C'est comme si ces auteurs laissaient parler en eux le langage qui les a construits, pas du tout au nom d'un discours régionaliste mais parce qu'ils semblent s'être dits, à un moment de leur travail, qu'ils n'échapperaient pas à ce rapport à la langue qui les poussait à écrire.

Olivier Perrier est un autre exemple d'homme de théâtre, implanté dans une région de France (le Bourbonnais, et plus précisément Hérisson) qui n'a jamais renoncé, à mesure que se développait sa carrière d'acteur travaillant avec les plus grands metteurs en scène, à se préoccuper de son village natal ou à réconcilier ses deux identités. Les textes de cet auteur-acteur ne sont pas publiés mais plusieurs de ses parleries très gestualisées auxquelles participèrent à plusieurs reprises des animaux de la ferme, rendent compte de traditions paysannes intimement vécues et bien éloignées de tout folklore. Pour lui aussi, c'est comme si le langage du théâtre s'était ancré dans le rythme du corps et lié au faisceau d'habitudes qui construisent le quotidien.

Ces langages ne sont pas purement imaginaires, bien que certaines tournures ne soient pas aisément identifiables. En revanche, une tradition ancienne du théâtre accueille des parlers totalement construits, des sabirs dont on chercherait en vain les origines géographiques. Ces constructions créent les conditions d'une forte théâtralité essentiellement élaborée à partir du langage.

4. La langue inscrite dans le corps

Quand un auteur s'invente une langue, c'est qu'il n'est pas satisfait de celle qu'il a à sa disposition ou plutôt qu'il entretient avec celle-ci des rapports passionnels. La langue« inventée » est construite au creux de celle qui est parlée, avec elle comme matériau premier, et contre elle parce qu'elle devient comme minée de l'intérieur. « J'écris par les oreilles » annonce Valère Novarina, et Lemahieu qui se souvient de Nietzsche, recommande d'écrire « avec les pieds ».

C'est une fonction essentielle de la poésie, dit-on, de réinventer la langue, de déplacer son système habituel de signification pour la faire entendre différemment, langue à la fois ordinaire et extraordinaire qui stimule la relation au monde en exhibant sa différence. Si tout grand auteur de théâtre réinvente aussi une langue à son usage - nous pensons à Claudel aussi bien qu'à Racine ou à Genet - il sait qu'elle passera par le souffle et la voix de l'acteur, par son corps. La langue du théâtre est faite pour être dite, et c'est de cette banalité si évidente qu'elle en est souvent oubliée, que les

Audiberti ou Vauthier ont fait leur miel et qu'ils se retrouvent classés en « poètes » de la scène. Langage poétique et langage dramatique ne font pourtant pas toujours bon ménage puisqu'il s'agit aussi d'affirmer une nécessité scénique, une urgence autre que celle de la prolifération, un ancrage profond dans le corps de l'acteur.

Pierre Guyotat n'a pas vraiment écrit pour le théâtre. Ses textes, véritables coulées verbales, ont cependant été portés à la scène. *Bond en avant* a été créé en 1973 et *Tombeau pour cinq cent mille soldats*, qui date de 1967, a été mis en scène par Antoine Vitez en 1981, *Bivouac* joué en 1988. « Plus que la langue m'intéresse la voix » écrit Guyotat qui construit une sorte de sabir, langue très savante qui fait appel à des lexiques différents (techniques, argotiques, scientifiques) toujours habités par le sexe : « Je peux dire qu'il y a plus de sexe dans mes textes que dans la littérature réaliste, et plus de réel que dans la littérature érotique ou pornographique » déclare-t-il.

Guyotat et Valère Novarina manifestent, en dépit de leurs différences, la même obsession du corps parlant et la même rage de donner naissance à une langue en rupture avec les banalités et les joliesses de la langue ordinaire. Novarina, dans « Le drame de la langue française » *(Le Théâtre des paroles,* P.O.L., 1989) écrit, après avoir décidé d'un titre « qui pèse si haut » :

> « Ça mène à : 1 - Plus du tout écrire le franquon. 2 - Plus le comprendre qu'un peu. 3 - Plus le parler comme l'on. C'est le vrai drame qui se joue ici qu'il faut mettre : le drame de la lng.
> Cette résolution radicale s'accompagne d'une formidable attention donnée à l'acteur, et à tous ses orifices, « qui n'est pas au centre, il est le seul endroit où ça se passe et c'est tout », c'est lui « qui va tout révolver. Parce que c'est dans le plus empêché que ça pousse. Et ce qu'il pousse, qui va le pousser, c'est d'la langue qu'on va revoir enfin sortir par l'orifice. »

> (Lettre aux acteurs)

Contre le metteur en scène, contre l'espace encombré, contre les « sorbonagres », contre un texte sans nécessité et contre un acteur soumis aux objurgations signifiantes de tous ordres, Novarina écrit son manifeste avec un humour brutal. Il entend secouer la langue française (« Investir le fraçais, investir le camp de la langue d'échange courant. Décharger dedans, investir le camp occupé par la langue qui domine »). Il s'adresse à l'acteur

« pneumatique » et à tous ses orifices, puisque c'est en lui et par lui que ça se passe et que tout passe :

> « Mettre la langue dans un état de tremblement. Polluer la langue dans un état de tremblement. Polluer la langue, lui donner son traitement. Personne ne l'a jamais encore touchée. Pas diviser en scènes, mais en séances de traitement. Sortir la scène qu'il y a derrière la langue. Montrer la scène qu'il y a dedans. Décider de l'attaquer maintenant de front, de plus subir tout ce qu'elle fait dire, de la manier et saborder, l'abattre comme un sourd. C'est le corps étranger qui le travaille qu'il sort qu'il abat. La machine à raconter la suite fait le récit palpitant, obscène, court et français, langue souillée, oreille sourde : la scène est chez les animaux. »
>
> Le Drame dans la langue française
> in *Le Théâtre des paroles,* P.O.L., 1989

Ce programme en forme de traitement s'accompagne d'une descente chez les animaux, derniers compagnons utiles à l'écrivain (Cf. *Le Discours aux animaux,* P.O.L., 1987). Occupé à retrouver le corps qui écrit, à vider son cerveau encombré qui l'empêche d'écrire, à s'adresser à l'acteur qui doit réapprendre à mordre le texte et à le manger, à fuir l'idole de la Communication, Novarina se souvient de Rabelais et célèbre la langue française, « la plus belle langue du monde, parce que c'est à la fois du grec, du cirque, du patois d'église, du latin arabesque, de l'anglais larvé, de l'argot de cour, du saxon éboulé, du batave d'oc, du doux allemand, et de l'italien raccourci ». (« Chaos », *Le Théâtre des paroles.*)

Ce chantre de la langue française est un dramaturge atypique qui, par exemple, dans *Le Discours aux animaux* s'adresse à des animaux, des êtres sans réponse, dans une série de onze « promenades », navigation dans sa langue et dans ses mots à la recherche de l'essentiel, puisque « ce dont on ne peut parler, c'est cela qu'il faut dire » :

> « Qui est-ce qui entre ? Un homme qui n'a jamais pu commettre deux quoi que ce soit avec lui. Il a une bouche dans les deux yeux troués qui passent, et par l'autre il va rédempter. Saint Trou de Sa Nuque, montre-toi maintenant, tout seul devant avec moi qui t'ai fait de pierre et de nullité ! Animaux morts, venez en paix vous rassembler, et laissez-moi vous souffler de la vie dans les yeux. Aucun animal sur terre dépasse l'animal, sauf l'homme avec son trou qui parle de l'espace qui finit. Et alors ? L'homme alors s'arrache une côte de rire et devient pomme de terre. »
>
> *Discours aux animaux,* p. 80

Ces textes-limites sont aussi des textes-phares qui, en redisant la souffrance de la langue, jettent sur le territoire dramatique une lumière insolite et indispensable. Ce qu'ils ont d'excessif, peut-être, est un signal d'alarme face à l'extrême banalisation de la langue de communication et aux « babils » médiatiques. Ils rappellent ce que parler veut dire et à quel poids de souffrance s'expose l'individu en quête d'une réconciliation entre sa langue et son corps.

Anthologie de textes

I. Contextes

Les éditoriaux de lancement de quelques revues spécialisées jalonnent la vie du théâtre. De 1953 à 1985, ceux qui sont rassemblés ici racontent en raccourci les préoccupations de leurs rédacteurs et leurs essais d'analyse. Ce sont évidemment des points de vue et non des photographies exactes, mais ils donnent un échantillon de l'air du temps. Les titres des revues sont eux-mêmes annonciateurs d'un projet ou d'une philosophie et le vocabulaire employé est un indice supplémentaire. Ainsi, « Acteurs », revue d'informations théâtrales lancée en 82, devint « Auteurs/ Acteurs » en 1988. Même si certaines de ces revues publièrent régulièrement ou occasionnellement des textes nouveaux, il est rarement question des écritures dans ces éditoriaux, en tout cas de manière explicite.

Théâtre populaire – « Retrouver le théâtre du Grand Commentaire »

Cette revue est parue entre 1953 et 1964 sous la direction de Robert Voisin, avec, aux premiers comités de rédaction, Roland Barthes, Bernard Dort, Guy Dumur, Jean Duvignaud, Henri Laborde, Jean Paris. Elle était, à ses débuts, proche des objectifs de Jean Vilar et des premiers Centres dramatiques.

> [...] Il est de fait que depuis quelques siècles, tout ce qui fut grand dans la vie et dans l'Histoire ne s'est plus jamais exprimé au Théâtre. Est-il concevable que la Révolution française, ou la Grande Guerre, ou l'écroulement de Hitler, par exemple, n'aient pas trouvé leur répondant au théâtre ? C'est que le théâtre a cessé

d'être le miroir de la vie et des événements, ce grand Commentaire qu'il était du temps d'Eschyle ou de Shakespeare, pour se borner, comme nous l'avons dit, à n'être qu'un prétexte à des récréations mineures. Si nobles que soient parfois ces réactions, elles ne nous feront pas oublier l'essentiel : une harmonie plus vaste a été rompue, et rompue au détriment du Public. Le Théâtre était un grand rassembleur de foules, comme aujourd'hui la politique ou le sport.

[...]

Il est évident que notre premier critère sera le sens de la grandeur, fût-il décelé dans un spectacle conçu pour une salle de cent places et quels que soient les moyens employés. Nous serons d'abord sensibles à tout ce qui s'écartera du jeu mondain, à tout ce qui n'aura pas pour objectif unique de séduire une fraction du Public, à tout ce qui rendra la Poésie au Théâtre. Nous sommes persuadés que le Théâtre va redevenir un art populaire, mais quant au chemin qu'il prendra, il ne nous appartient pas de le lui indiquer. Il faut aussi compter avec le déplorable héritage des générations précédentes et le temps nécessaire pour sa liquidation. C'est pourquoi nous soutiendrons des efforts qui s'inscrivent apparemment dans des formes périmées mais qui, ne fût-ce que sur un point de détail, répondent à un vœu et laissent présager de l'avenir [...].

Extrait de l'éditorial du n° 1 de Théâtre populaire, mai-juin 1953

Travail théâtral – « Cerner au plus juste le noyau de la création théâtrale »

Ces cahiers trimestriels ont été publiés entre 1970 et 1979 par la Cité (Lausanne) et diffusés par les Éditions Maspero. Le premier comité de direction comprend Denis Bablet, Émile Copfermann, Bernard Dort, Françoise Kourilsky. À long terme, son ambition est de « déterminer la place de l'œuvre dans les rapports de production de l'époque ».

[...] On parle bien, ici et là, de la mort du théâtre et on dénonce même, parfois, le caractère désuet pour ne pas dire réactionnaire de toute représentation théâtrale. Il est vrai qu'il y a déjà un bon siècle qu'on déplore « la crise du théâtre ». Pourtant, loin de se figer et de se refermer sur lui-même, le théâtre ne cesse aujourd'hui, dans ses secteurs les plus vivants, de s'interroger et de se remettre en question. Se retirant peu à peu de ses formes anciennes, il se manifeste là où on s'attendrait le moins à le trouver, jusque dans des domaines qui semblent dominés par la plus étroite

nécessité (le combat pour le pain ou le soulèvement révolutionnaire). C'est précisément parce que le théâtre ne se fait plus seulement là où fonctionnent des institutions théâtrales et parce qu'il
est prodigieusement élargi et diversifié qu'une revue consacrée à
l'activité théâtrale nous semble plus que jamais nécessaire [...]

D'autre part, nous sommes persuadés que, loin de constituer un
commentaire superflu, l'élaboration d'une réflexion suivie et
cohérente sur les composantes et la fonction de l'activité théâtrale
fait aujourd'hui partie intégrante de cette activité. On l'a souvent
constaté : le spectacle théâtral n'est plus une fin en soi. Il est pris
dans toute une série d'échanges entre deux groupes : ses créateurs
et ses spectateurs. Sans doute apparaît-il comme le point culmi-
nant de ces échanges, mais il ne les épuise pas tous. Les créateurs
ont été amenés à remettre en cause les structures économico-
sociales dans lesquelles ils étaient habitués à travailler, voire à
rêver que le public prenne de plus en plus une part active dans la
création. Au théâtre comme en littérature, la critique ne doit plus
opérer seulement en dehors de l'œuvre : elle a son mot à dire,
selon des modes que nous essayerons d'éclairer et de préciser,
dans la fabrication et dans la réception de cette œuvre ; notre
ambition sera de cerner au plus juste ce qui demeure le noyau
même de toute création théâtrale : la façon dont le théâtre, avec
ses moyens d'expression spécifiques, donne à voir et à comprendre aux spectateurs leur propre réalité.

Ainsi *Travail théâtral* ne se conçoit ni comme l'illustration d'une
tendance du théâtre contemporain choisie à l'exclusion de toutes
les autres, ni comme une revue éclectique destinée à refléter l'ensemble de la production. Son titre l'indique assez : c'est un travail d'examen et de réflexion sur le théâtre conçu lui-même
comme *travail* spécifique – produit historique transitoire – sur la
réalité que nous proposons d'engager. [...]

Extrait de l'éditorial du n° 1 de *Travail théâtral*, automne 1970

Théâtre public – « Analyser son temps, s'interroger et débattre »

Cette revue bimestrielle d'information et de réflexion sur le théâtre
existe depuis 1974. Publiée par le Théâtre de Gennevilliers, Centre dramatique national, elle affirme cependant son indépendance. La rédaction
est dirigée par Alain Girault.

[...] L'inflation verbale, en ce domaine comme en bien d'autres,
brouille les pistes : « populaire », « fête », « participation du

public », il n'en faut pas moins pour croire à une renaissance du phénomène théâtral alors que celui-ci n'a changé en rien dans sa nature profonde qui est discours tenu sur le réel et non simple artisanat. Pour nous, le théâtre a sa manière spécifique donc irremplaçable d'analyser son temps et de parler ; sans doute reste-t-il encore à découvrir les termes qui lui permettront de se faire entendre par-dessus le bruit des modes et des engouements.

Disons, même au risque de paraître utopiques, qu'un jour viendra, peut-être, où les hommes de notre temps se tourneront vers le théâtre pour lui demander ce qu'il pense, lui, de tel ou tel événement, où ils exigeront de lui des éclaircissements ou tout du moins la mise en forme de leurs interrogations, où ils auront enfin besoin de lui comme il a lui-même besoin d'eux.

Aujourd'hui le théâtre est comme un bateleur faisant la parade pour attirer le chaland et lui vanter sa marchandise, sans s'interdire pour autant d'en mettre en question la nécessité ou plutôt l'utilité. Il est réconfortant de songer que dans le passé de grands artisans du théâtre ont déjà remis en question leur mode d'expression et, ce faisant, ont fait progresser le champ de ses possibilités à mesure que s'agrandissait celui des connaissances humaines et que se compliquait la nature des relations entre les hommes.

Nous aimerions que « Théâtre/Public » ne ressemble pas à ce bateleur mais qu'il soit bien plutôt capable de rendre compte des efforts déployés pour élaborer l'outil nouveau qui permettra de devenir ce lieu ou cet événement, où tous sauront qu'ils peuvent s'interroger et débattre. [...]

Extrait de l'éditorial du n° 1 de *Théâtre/Public*, sept.-oct. 1974

L'Art du théâtre – « L'Œuvre dramatique est une énigme que le théâtre doit résoudre »

Cette revue a été publiée par le Théâtre National de Chaillot de 1985 à 1989, quand Antoine Vitez en était le directeur. Son rédacteur en chef était Georges Banu.

Quand tout sera passé, on regardera ce temps-ci - ces trente ou quarante années - comme un âge d'or du théâtre en France. Rarement on aura vu naître tant d'expériences, et s'affronter tant d'idées sur ce que doit être la scène, et sur ses pouvoirs. Illusion ou allusion, culte du sens ou détournement, relecture ou dépous-

siérage des classiques, vertu révolutionnaire ou dérisoire inno-
cuité, fiefs et baronnies de théâtre, légendes des grands hommes,
publics sans théâtre, théâtres sans public, tout cela mêlé dans la
confusion. [...]

[...] Le théâtre est un champ de forces, très petit, mais où se joue
toujours l'histoire de la société, et qui, malgré son exiguïté, sert
de modèle à la vie des gens, spectateurs ou pas. Laboratoire des
conduites humaines, conservatoire des gestes et des voix, lieu
d'expérience pour de nouveaux gestes, de nouvelles façons de
dire - comme le rêvait Meyerhold -, pour que change l'homme
ordinaire, qui sait ?

Après tout, protester contre une image humaine renvoyée à
satiété par le jeu unifié des acteurs tel qu'on l'appréhende sur tous
les écrans de télévision du monde, c'est la tâche du théâtre. Il y
réussit, malgré la disproportion des forces.

Cette protestation des apparences doit s'étendre à la protestation
des écrits. Le texte de théâtre n'aura de valeur pour nous qu'inattendu, et - proprement - injouable. L'œuvre dramatique est une
énigme que le théâtre doit résoudre. Il y met parfois beaucoup de
temps. Nul ne savait comment jouer Claudel au commencement,
ni Tchekov, mais c'est d'avoir à jouer l'impossible qui transforme la scène et le jeu de l'acteur ; ainsi le poète dramatique est-
il à l'origine des changements formels du théâtre ; sa solitude,
son inexpérience, son irresponsabilité même, nous sont précieuses. Qu'avons-nous à faire d'auteurs chevronnés prévoyant les
effets d'éclairage et la pente des planchers ? Le poète ne sait rien,
ne prévoit rien, c'est bien aux artistes de jouer. Alors, avec le
temps, Claudel, que l'on croyait obscur, devient clair ; Tchekov,
que l'on jugeait languissant, apparaît vif et bref.

L'art du théâtre est une affaire de traduction : la difficulté du
modèle, son opacité provoquent le traducteur à l'invention dans
sa propre langue, l'acteur dans son corps et sa voix. Et la traduction proprement dite des œuvres théâtrales donne un exemple de
la misère par la prolifération des pratiques paresseuse d'adaptation, destinées à satisfaire on ne sait quel goût du public. Il est
vrai que le goût supposé de la majorité a ses garants et ses défen-
seurs. [...]

Enfin on défendra la fonction, l'existence même de la mise en
scène, aujourd'hui à nouveau contestée dans son principe. On ne
se laissera pas enfermer dans le rapport ineffable de l'acteur au
texte et au public. On ne permettra pas que le théâtre soit

dépouillé d'une conquête historique, fondatrice de ce qu'on nommait le théâtre d'art. Le chemin est étroit entre le gros bon sens conservateur et la démagogie populiste. Ce que nous cherchons, c'est la conscience du temps, et notre position sur la durée.

Extrait de l'éditorial d'Antoine Vitez en ouverture du n° 1 de L'*Art du Théâtre*, Actes Sud/Théâtre National de Chaillot, printemps 1985

II. Ici et Maintenant, Ailleurs et Autrefois

Écrire aujourd'hui sur ce qui arrive, sur l'activité politique ou sociale à chaud, ou choisir l'éloignement. Voilà à quoi se heurtent les auteurs contemporains, rarement assurés de voir leurs textes montés sur-le-champ. La question est dramaturgique et idéologique, elle pose le rapport au système de production et au spectacle, concerne aussi le choix du langage artistique. Le théâtre ne passe pas habituellement pour être le meilleur support de l'actualité. Mais il arrive aussi que des textes fondés sur l'autrefois vieillissent plus vite que ces textes conçus au présent qui deviennent des textes « historiques ». Question, aussi, de mise en scène et de réception par le public.

Bertolt Brecht – « La vie des hommes en commun sous tout ses aspects »

Brecht utilise la forme dialoguée dans *L'Achat du cuivre* où Le Philosophe, Le Comédien, La Comédienne, Le Dramaturge et L'Électricien échangent des considérations sur leur art et sur son évolution. Il y est question des formes nouvelles, de la reproduction des processus qui se produisent entre les hommes, et ici de ce que le théâtre ose montrer.

> LE DRAMATURGE. – [...] Et les services qu'il (le théâtre) a rendus à la société, il les a payés par la perte de presque toute la poésie. Il a renoncé à produire ne serait-ce qu'une seule grande fable comparable à celles des Anciens.
>
> LE COMÉDIEN. – Ne serait-ce qu'un seul grand personnage.
>
> LE DRAMATURGE. – Mais nous montrons des banques, des cliniques, des gisements de pétrole, des champs de bataille, des

slums, des villas de milliardaires, des champs de blé, des Bourses, le Vatican, des tonnelles, des châteaux, des usines, des salles de conférences, bref, toute la réalité possible. Dans notre théâtre, des meurtres sont commis, des contrats conclus, des adultères consommés, des hauts faits accomplis, des guerres déclarées ; on y meurt, on y engendre, on y achète, on y outrage, on y trafique. Bref, on y fait paraître la vie des hommes en commun sous tous ses aspects. Nous nous saisissons de tout ce qui peut faire de l'effet, nous ne reculons devant aucune innovation ; il y a longtemps que nous avons jeté par-dessus bord toutes les règles esthétiques. Les pièces ont tantôt cinq actes, tantôt cinquante ; il arrive que le plateau comporte en même temps cinq lieux scéniques différents ; la fin est heureuse ou malheureuse ; nous avons eu des pièces où le public avait le choix du dénouement. En plus, nous jouons stylisé un soir, le soir suivant parfaitement naturel. Nos comédiens disent aussi bien les ïambes que l'argot du ruisseau. Il n'est pas rare que les opérettes soient tragiques et que les tragédies contiennent des « songs ». Tel soir vous avez sur le plateau une maison qui est dans ses moindres détails, jusqu'au dernier tuyau de poêle, l'exacte reproduction d'une authentique maison, tel autre soir on vous suggère une bourse aux céréales par deux ou trois poutres de couleur. On verse des larmes sur nos clowns, on se tient les côtes devant nos tragédiens. Bref, chez nous tout est possible, je serais tenté de dire : malheureusement.

LE COMÉDIEN. – Ta description me paraît un peu sombre. Elle donne l'impression que nous ne travaillons plus sérieusement. Mais je puis assurer que nous ne sommes pas des bouffons écervelés. [...]

L'Achat du cuivre, in *Écrits sur le théâtre*, L'Arche, 1963

Heiner Müller – « Un dialogue avec les morts »

Heiner Müller, un des auteurs les plus dérangeants de ce demi-siècle, vivait en Allemagne de l'Est au moment de la parution de cet entretien où il s'explique sur sa relation aux textes anciens et sur l'usage qu'il en fait.

H.M. – Chaque texte nouveau est en relation avec quantité de textes antérieurs d'autres auteurs ; il modifie aussi le regard qu'on pose sur eux. Mon commerce avec des sujets et des textes anciens est aussi un commerce avec un « après ». C'est, si vous voulez, un dialogue avec les morts.

S. – Avez-vous jamais inventé vous-même un sujet dramatique ?

H.M. – Je ne crois pas, non. Il existe un texte de Carl Schmitt sur *Hamlet*. Sa thèse est la suivante : on ne peut pas inventer de conflits tragiques, on ne peut que les reprendre et les varier. Comme l'ont fait les Grecs, ou Shakespeare. Lui non plus n'a rien inventé, ou alors, dit Schmitt, « l'irruption du temps dans le jeu » peut faire naître des conflits tragiques si l'on entend par théâtre le jeu avec des données existantes. Et quand le temps fait irruption dans ce jeu, il peut apparaître une constellation tragique. Mais on ne saurait l'inventer.

S. – Comment vous accommodez-vous de votre image d'auteur particulièrement renfermé et secret, de quelqu'un qui agite sur la scène de grandes énigmes universelles, lesquelles restent ensuite posées là, sans solution, et ne mettent en marche que les exégètes ?

H.M. – Cela ne tient-il pas au public qui refuse le théâtre comme une réalité propre qui ne reflète pas la réalité du public, ne la redouble ni ne la copie ? Le naturalisme a failli tuer le théâtre avec cette stratégie du redoublement.

S. – Et les paraboles de Brecht alors ?

H.M. – La parabole n'est elle aussi qu'une rallonge du naturalisme, une prothèse : au lieu du monde, une illustration d'une conception du monde.

S. – Vous ne croyez donc pas à la parabole ?

H.M. – Absolument pas. Brecht était un génie poétique que la situation mondiale a poussé ou rejeté dans l'écriture dramatique. Pour le reste, il a cherché à déranger, et ça a donné les paraboles.

> Entretien avec Heiner Müller,
> réalisé par MM. Jenny et Hellmuth Karasek pour « Der Spiegel » en 1983,
> publié en 1984 dans *Théâtre/Public*

Michel Vinaver – « Saisir le présent »

Dans un petit dictionnaire sur l'écriture du quotidien, Vinaver s'explique sur ses processus de travail, en particulier ici à l'article « contemporain ». Un second texte qui présente *Les Huissiers* (1957), écrit pendant la guerre d'Algérie, fait écho au premier et illustre ce que l'auteur appelle une de ses infirmités, l'imperfection de la mémoire.

Contemporain. (D'après mes notes de cours de Barthes au Collège de France, 16 décembre 78.) En écrivant, il faut tenir compte de ses infirmités personnelles. Et la mienne, c'est les imperfections de la mémoire. Mon matériau, le seul possible, c'est mon présent. Peut-on faire un récit, un roman, avec le présent ? Le présent c'est ce qui colle à moi. Le nez sur le miroir. On ne peut le voir. Comment saisir la vie contemporaine, la vie concomitante ? On *peut* écrire le présent. Comment ? En le notant, au fur et à mesure qu'il tombe sur vous. Par exemple, me dis-je, sous la forme d'éclats de conversation – la façon de marquer, d'isoler, quelque chose dans le flot de langage ininterrompu, coulé, enchaîné. Reste à passer des éclats à la pièce de théâtre. Du discontinu au flot. Du fragment à l'objet constitué. La méthode : on fait *comme si* c'était possible, et peut-être la pièce s'accomplira-t-elle dans l'absence de son projet.

Les Huissiers : notes vingt-trois ans après. 1. La pièce

Elle a été écrite pendant l'automne 1957, dans les semaines même où se déroule son action. Elle visait à rendre compte de l'actualité sans le moindre recul. Rendre compte, ou plutôt *saisir*, comme il se dit en cuisine. Et son mode de fabrication se rapproche de l'acte culinaire. Pendant les quelques semaines qu'a duré le travail, l'auteur partageait sa journée en deux : l'après-midi et le soir il dépouillait une masse de journaux, découpait des articles et des photos, les assemblait dans des cahiers (il engrangeait). Le matin il écrivait (il dégorgeait).

Comme pour conjurer le risque de décousu que pouvait entraîner cette méthode, il s'est astreint à respecter méticuleusement la trame d'une pièce ancienne — *Œdipe à Colone* de Sophocle — elle-même choisie comme structure neutre a priori, sans rapport significatif avec sa pièce quant au contenu. Moins choisie que prise arbitrairement dans le répertoire. Le support aurait pu être une pièce de Labiche ou d'Ibsen. Sauf qu'une relation familière datant de loin avec la mythologie grecque a pu jouer ; sauf aussi qu'une jointure ironique entre la matière historique actuelle (non encore constituée) et la matière historique originelle (à la source), même demeurant inapparente, a pu l'allécher.

La pièce a été écrite dans l'idée que Planchon (qui l'année précédente avait mis en scène *Les Coréens*, la première pièce du même auteur) voulait la monter *sur-le-champ*. L'urgence était, pour l'auteur, évidente. Chaque jour qui passait enlevait à l'ouvrage un peu de sa portée. Planchon et son équipe hésitèrent puis renoncèrent. Aucun autre théâtre ou metteur en scène, pendant les vingt ans qui ont suivi, n'ont manifesté un intérêt pour elle. Portée sur la scène, enfin, en 1980, par Chavassieux (qui en 1957 était jeune comédien chez Planchon) la voici qui n'est plus la même, puisque d'absolument actuelle elle est devenue à peu près

historique. La question est de savoir comment elle s'accommo-
dera (encore la cuisine !) de cette transformation.

Une écriture au quotidien (1980) et
Les Huissiers : notes vingt-trois ans après (1979),
L'Aire théâtrale, Lausanne, 1982

Antoine Vitez – « Le théâtre est un art qui parle d'ailleurs autrefois »

Le metteur en scène Antoine Vitez ne manquait jamais de rappeler que la fonction du théâtre est aussi de conserver les formes du passé et que la réception des événements présents par le public est parfois paradoxale. Les propos cités datent de 1986, lors d'une intervention de Vitez en Avignon, à une « Journée sur l'édition théâtrale » des auteurs contemporains, présidée par Michel Vinaver, d'où la forme orale des propos.

[...] Le théâtre, comme forme, est lié, je crois, plus ou moins consciemment au Passé. On raconte l'histoire du Passé, on est habillé comme au Passé, on a un mode d'expression qui est un mode d'expression passé. Un mode d'autrefois. Quelque chose comme un fossile vivant.

Le théâtre est une sorte de cœlacanthe. Alors, il faut le conserver. Je me dis parfois que c'est bien, ça. C'est-à-dire que moi, ça ne me choque pas. De penser que le théâtre est un art qui ne parle pas d'ici et maintenant, mais d'ailleurs autrefois. On peut faire la théorie de cela, dire que le théâtre ne doit surtout pas chercher à parler d'ici et de maintenant, mais que sa vocation est de parler d'ailleurs et d'autrefois, ou de parler d'ailleurs maintenant, ou d'ici autrefois. Et que sinon le théâtre est mort quand il essaie de parler d'ici et de maintenant. Il est vrai que c'est *une* des fonctions du théâtre, et pas la moindre, que d'avoir à parler du Passé, ramener la mémoire du Passé ; être le lieu de la conservation, au sens propre le *conservatoire* des formes du passé ; pourvoir à l'entretien des formes ; [...] enfin ne pas parler de ce qui *est* mais parler de ce qui *n'est pas.* Shakespeare, j'imagine les attaques contre lui lors des premières représentations de ses pièces, les attaques des gauchistes du temps ; « Vous ne parlez pas de la vie d'aujourd'hui ! » Par un effet de téléobjectif nous pouvons croire que Shakespeare, lui au moins, parlait des événements qui lui étaient contemporains, mais c'est une illusion d'optique. Pensez bien que le massacre de la Saint-Barthélémy a eu lieu trente ans avant *Hamlet,* eh bien, le protestantisme dans Shakespeare, il n'en est pas question. Marlowe a bien parlé du massacre de la Saint-Barthélémy, mais Shakespeare pas, et de la Réforme, il n'en est pas question. Or, la Réforme, en 1600, c'était le sujet de l'époque, non ? La grande histoire de l'Europe, comme le communisme au XXe siècle, aura été l'histoire du monde. Shakespeare parle des problèmes de l'Angleterre cent ans avant lui. Est-ce qu'il en parle même ? Lui aussi il a besoin de parler d'ailleurs.

D'ailleurs autrefois... Oui, je crois que là est la fonction du théâtre. Mais il y a autre chose. Il est vrai *aussi* que le théâtre, malgré mon goût personnel pour l'ailleurs autrefois, a, dans son histoire, parfois parlé de l'ici et maintenant. Mais aujourd'hui je pense que le public, dans sa majorité, *n'attend pas cela du théâtre*. [...] Pour s'entendre parler de Tchernobyl par exemple, je ne pense pas qu'on attende le théâtre.

On attend le cinéma. L'effet produit par les médias, tout au moins dans la situation française, c'est qu'on n'attend pas du théâtre qu'il parle du temps présent. [...] Le théâtre qui s'écrit aujourd'hui et qui parle du temps d'aujourd'hui, comme celui de Vinaver, jouit d'un succès d'estime considérable. C'est qu'on n'arrive pas à faire comprendre aux gens que le théâtre lui-même peut nous éclairer sur notre propre situation. Et ça c'est un effet assez étrange, caractéristique, je pense, de la France.

Ici et maintenant, Ailleurs et Autrefois, Ici et Autrefois, Ailleurs et
Maintenant, in *Le théâtre des Idées*, Gallimard, 1991

III. Le réel et le théâtral

La question du rapport entre le théâtre et la vie, entre le théâtral et le réel, ne cesse d'être examinée sous tous les angles. S'il arrive que les dramaturges succombent aux attraits d'une image puisée « dans la vie », beaucoup se posent la question de la bonne distance à trouver entre ce qui sonne juste dans le monde et qui ne l'est plus sur le théâtre, du nécessaire degré d'abstraction de l'art du théâtre, de l'écart indispensable entre l'écriture et le monde, entre la scène et l'écriture.

Arthur Adamov – « L'image frappante n'est pas forcément théâtrale »

Après avoir participé au mouvement surréaliste, Adamov a commencé à écrire pour le théâtre en 1945. Dans sa première manière il cherche à se libérer des formes bourgeoises du théâtre ; après 1954 on le classe dans les auteurs du théâtre politique. Il ne cesse de soumettre son théâtre à un examen critique.

Écrire pour le théâtre.

[...] Il y a dix ans que j'ai commencé à écrire pour le théâtre. Les véritables raisons de mon choix, je les connais mal, et je n'éprouve, en tout cas, aucun besoin de les faire connaître. Tout ce que je veux dire, c'est qu'à cette époque je lisais beaucoup Strindberg – notamment *Le Songe*, dont la grande ambition m'avait aussitôt séduit – et que, peut-être en partie grâce à Strindberg, je découvrais, dans les scènes les plus quotidiennes, en particulier celles de la rue, des scènes de théâtre. Ce qui me frappait alors surtout, c'était le défilé des passants, la solitude dans le côtoiement, l'effarante diversité des propos, dont je me plaisais à n'entendre que des bribes, celles-ci me semblant devoir constituer, liées à d'autres bribes, un ensemble dont le caractère fragmentaire garantissait la vérité symbolique.

Tout cela serait peut-être resté prétexte à réflexions vagues si, un jour, je n'avais été témoin d'un incident en apparence très insignifiant, mais dont je me dis aussitôt : « C'est cela le théâtre, c'est cela que je veux faire. » Un aveugle demandait l'aumône ; deux jeunes filles passèrent près de lui sans le voir, le bousculèrent par mégarde ; elles chantaient : « J'ai fermé les yeux, c'était merveilleux... » L'idée me vint alors de montrer sur la scène, le plus grossièrement et le plus visiblement possible, la solitude humaine, l'absence de communication. Autrement dit, d'un phénomène vrai entre d'autres, je tirais une « métaphysique ». Après trois ans de travail, et de multiples versions – dont la première mettait en scène l'aveugle lui-même ! – ce fut *La Parodie*.

Relisant aujourd'hui *La Parodie*, et sans même parler de ses défauts de construction, inhérents à toute première pièce, je trouve que je me suis fait la tâche facile. Je regardais le monde à vol d'oiseau, ce qui me permettait de créer des personnages presque interchangeables, toujours pareils à eux-mêmes, en un mot, des marionnettes. Je croyais partir de détails très réels, de conversations familières ; je partais d'une idée générale et qui, de plus, m'arrangeait : à savoir que toutes les destinées s'équivalent, que le refus de la vie (N) et son acceptation béate (l'Employé) aboutissent toutes deux, et par les mêmes chemins, à l'échec, inévitable, à la destruction totale. Un tel parallélisme, je le sais aujourd'hui, n'est pas vrai, et partant, pas théâtral. L'image frappante n'est pas forcément théâtrale. [...]

Extrait de la note préliminaire au second volume du *Théâtre* d'Adamov, Gallimard, 1955

Samuel Beckett – « Il n'y a pas de peinture. Il n'y a que des tableaux »

Dans *Le Monde et le pantalon*, écrit au début de 1945, Beckett parle de peinture à l'occasion des expositions d'Abraham et de Gerardus van Velde. On peut entendre des échos dans ces considérations à propos de la réception des textes modernes et contemporains, dont on entend parfois dire de leurs auteurs « qu'ils ne savent pas écrire ». Le « Il » dont il est question ici est l'amateur de peinture que l'on met en garde contre la peinture abstraite et que l'on empêche de prendre du plaisir en regardant les tableaux.

L'impossible est fait notamment pour que des tranches entières de peinture moderne lui soient tabou.

L'impossible est fait pour qu'il choisisse, pour qu'il prenne parti, pour qu'il accepte a priori, pour qu'il rejette a priori, pour qu'il cesse de regarder, pour qu'il cesse d'exister, devant une chose qu'il aurait pu simplement aimer, ou trouver moche, sans savoir pourquoi.

On lui dit :

« Ne vous approchez pas de l'art abstrait. C'est fabriqué par une bande d'escrocs et d'incapables. Ils ne sauraient faire autre chose. Ils ne savent pas dessiner. Or Ingres a dit que le dessin est la probité de l'art. Ils ne savent pas peindre. Or Delacroix a dit que la couleur est la probité de l'art. Ne vous en approchez pas. Un enfant en ferait autant. »

Qu'est-ce que ça peut lui faire, que ce soient des escrocs, s'ils lui procurent du plaisir ? Qu'est-ce que ça peut lui faire, qu'ils ne sachent pas dessiner ? Cimabue savait-il dessiner ? Qu'est-ce que ça peut lui faire, que les enfants puissent en faire autant. Ce sera merveilleux. Qu'est-ce qui les en empêche ? Leurs parents peut-être. Ou n'en auraient-ils pas le temps ? [...]

On lui dit :

« N'a le droit d'abandonner l'expression directe que celui qui en est capable. La peinture à déformation est le refuge de tous les ratés. »

Droit ! Depuis quand l'artiste, comme tel, n'a-t-il pas tous les droits, c'est-à-dire aucun ? Il lui sera peut-être bientôt interdit d'exposer, voire de travailler, s'il ne peut justifier de tant d'années d'académie.

D'identiques bêlements saluaient, il y a cent cinquante ans, le vers libre et la gamme par tons.

On lui dit :

Picasso, c'est du bon. Vous pouvez y aller avec confiance.

Et il n'entendra plus les ronflements homériques. [...]

Voilà une infime partie de ce qu'on dit à l'amateur.

On ne lui dit jamais :

« Il n'y a pas de peinture. Il n'y a que des tableaux. Ceux-ci, n'étant pas des saucisses, ne sont ni bons ni mauvais. Tout ce qu'on peut en dire, c'est qu'ils traduisent, avec plus ou moins de pertes, d'absurdes et mystérieuses poussées vers l'image, qu'ils sont plus ou moins adéquats vis-à-vis d'obscures tensions internes. Quant à décider vous-même du degré d'adéquation, il n'en est pas question, puisque vous n'êtes pas dans la peau du tendu.

Lui-même n'en sait rien la plupart du temps. C'est d'ailleurs un coefficient sans intérêt. Car pertes et profits se valent dans l'économie de l'art, où le tu est la lumière du dit, et toute présence absence. Tout ce que vous saurez jamais d'un tableau, c'est combien vous l'aimez (et à la rigueur pourquoi, si cela vous intéresse). Mais cela non plus vous ne le saurez probablement jamais, à moins de devenir sourd et d'oublier vos lettres. [...] »

Le Monde et le pantalon, Éd. de Minuit, 1989,
repris des *Cahiers d'art*, 1945-46

Jean Genet – « Le théâtre n'est pas la description de gestes quotidiens vus de l'extérieur »

Pour Genet, dont *Les Bonnes* fut la première pièce et fit scandale, le théâtre est radicalement faux, rien de ce qui est réel ne peut y être saisi. La théâtralité est l'indispensable condition de l'accomplissement de l'écriture.

Les actrices ne doivent pas monter sur la scène avec leur érotisme naturel, imiter les dames de cinéma. L'érotisme individuel, au théâtre, ravale la représentation. Les actrices sont donc priées, comme disent les Grecs, de ne pas poser leur con sur la table.

Je n'ai pas besoin d'insister sur les passages « joués » et les passages sincères : on saura les repérer, au besoin les inventer.

Quant aux passages soi-disant « poétiques », ils seront dits comme une évidence, comme lorsqu'un chauffeur de taxi parisien invente sur-le-champ une métaphore argotique : elle va de soi. Elle s'énonce comme le résultat d'une opération mathématique : sans chaleur particulière. La dire même un peu plus froidement que le reste.

L'unité du récit naîtra non de la monotonie du jeu, mais d'une harmonie entre les parties très diverses, très diversement jouées. Peut-être le metteur en scène devra-t-il laisser apparaître ce qui était en moi alors que j'écrivais la pièce, ou qui me manquait si fort : une certaine bonhomie, car il s'agit d'un conte.

« Madame », il ne faut pas l'oublier dans la caricature. Elle ne sait pas jusqu'à quel point elle est bête, à quel point elle joue un rôle, mais quelle actrice le sait davantage, même quand elle se torche le cul ?

Ces dames – les Bonnes et Madame – déconnent ? Comme moi chaque matin devant la glace quand je me rase, ou la nuit quand je m'emmerde, ou dans un bois quand je me crois seul : c'est un conte, c'est-à-dire une forme de récit allégorique qui avait peut-être pour premier but, quand je l'écrivais, de me dégoûter de moi-même en indiquant et en refusant d'indiquer qui j'étais, le but second d'établir une espèce de malaise dans la salle... Un conte... Il faut à la fois y croire et refuser d'y croire, mais afin qu'on puisse y croire il faut que les actrices ne jouent pas selon un mode réaliste.

Sacrées ou non, ces bonnes sont des monstres, comme nous-mêmes quand nous rêvons ceci ou cela. Sans pouvoir dire au juste ce qu'est le théâtre, je sais ce que je lui refuse d'être : la description de gestes quotidiens vus de l'extérieur : je vais au théâtre afin de me voir, sur la scène (restitué en un seul personnage ou à l'aide d'un personnage multiple et sous forme de conte) tel que je ne saurais – ou n'oserais – me voir et me rêver, et tel pourtant que je me sais être. Les comédiens ont donc pour fonction d'endosser des gestes et des accoutrements qui leur permettront de me montrer à moi-même, et de me montrer nu, dans la solitude et son allégresse. Une chose doit être écrite : il ne s'agit pas d'un plaidoyer sur le sort des domestiques. Je suppose qu'il existe un syndicat des gens de maison – cela ne nous regarde pas.

Lors de la création de cette pièce, un critique théâtral faisait la remarque que les bonnes véritables ne parlent pas comme celles de ma pièce : qu'en savez-vous ? Je prétends le contraire, car si j'étais bonne je parlerais comme elles. Certains soirs.

Car les Bonnes ne parlent ainsi que certains soirs : il faut les surprendre, soit dans leur solitude, soit dans celle de chacun de nous. [...]

« Comment jouer Les Bonnes », *Les Bonnes,*
L'Arbalète, 1947 et Gallimard, 1987

Claude Régy – « Renouveler sa sensation du monde»

Le metteur en scène Claude Régy s'est toujours intéressé aux écritures contemporaines, à Harold Pinter, James Saunders, Botho Strauss, Peter Handke... Opposé à tout réalisme, il traque la présence immédiate aux choses, placées dans le présent.

Quand on va au théâtre, aujourd'hui on a encore l'impression d'être au XIXᵉ siècle, c'est-à-dire dans le plus grand sentimentalisme, avec le plus grand pléonasme entre ce qu'on croit être le sens de la phrase et une intonation naturaliste.

Et par ailleurs, tout le théâtre, par exemple, qui cherche à se dédouaner en parlant d'une certaine façon de Hitler, des camps, ne fait que continuer le totalitarisme. On dénonce, on vient regarder la dénonciation pour continuer à être séduit. Par le système même d'une langue inchangée, se réinstalle l'emprise de la chose. On a tous en nous des fibres de totalitarisme, d'extermination. Et en dénonçant cela dans la vulgarité d'un vraisemblable de pacotille, les metteurs en scène réveillent toutes ces pulsions là. J'ai été très heureux de voir Handke attaquer ce théâtre, comme, par ailleurs, il s'attaquait au réalisme. J'ai toujours voulu travailler sur des écritures en train de se faire. J'ai rencontré des écrivains qui refusaient le didactisme et restaient révolutionnaires par l'écriture, la force de la pensée.

Notre souci, ce devrait être, il me semble, comment amener chacun à renouveler, lui-même, de façon autonome, sa sensation du monde.

Espaces perdus, Carnets, Plon, 1991

IV. Le silence, les mots, la parole

L'obsession du langage traverse tout le théâtre contemporain. Elle prend des formes particulières, selon qu'elle correspond à l'angoisse de parler pour ne rien dire ou sans être en accord avec soi-même ; de l'impossibilité de parler ; de se confronter au vertige de paroles toujours interprétées par celui qui écoute. La langue de ce théâtre se mesure donc par rapport au silence, à la façon dont il est brisé, aux pannes soudaines qu'il dévoile, aux sous-entendus qu'il laisse percer ou à l'incapacité à dire.

Eugène Ionesco – « Le mot bavarde »

Comment avoir son mot à dire en échappant aux futilités, aux bons mots, au rabâchage et au ressassement, au dérapage des mots et à l'incapacité de parler pour dire autre chose que ce qui est inutile ou convenu, telle est l'angoisse que Ionesco et quelques-uns de ses contemporains expriment dans leur théâtre.

> Un seul mot peut vous mettre sur la voie, un deuxième vous trouble, le troisième vous met en panique. À partir du quatrième, c'est la confusion absolue. Le logos était aussi l'action. Il est devenu la paralysie. Qu'est-ce que c'est qu'un mot ? Tout ce qui n'est pas vécu avec une intensité ardente. Quand je dis : la vie mérite-t-elle que l'on meure pour elle ? c'est encore un mot. Mais au moins c'est comique. Tout le monde a pu remarquer combien les jeunes sorbonnards, normaliens, essayistes, journalistes distingués, rhéteurs et autres intellectuels progressistes et riches parlent du langage. C'est devenu une obsession et un tic. Si on parle tellement du langage, c'est que l'on est obsédé par ce qui vous manque. Du temps de la tour de Babel on devait aussi beaucoup parler du lan-

gage. Presque autant qu'aujourd'hui. Le verbe est devenu du verbiage. Tout le monde a son mot à dire.

Le mot ne montre plus. Le mot bavarde. Le mot est littéraire. Le mot est une fuite. Le mot empêche le silence de parler. Le mot assourdit. Au lieu d'être action il vous console comme il peut de ne pas agir. Le mot use la pensée. Il la détériore. Le silence est d'or. La garantie du mot doit être le silence. Hélas ! c'est l'inflation. Ceci est encore un mot. Quelle civilisation ! Il suffit que mes angoisses s'éloignent et je commence à parler au lieu de cerner la réalité, ma réalité, les réalités, pour que le mot cesse d'être un instrument de fouille ; je ne sais rien du tout ; cependant, j'enseigne. Moi aussi j'ai mon mot à dire.

Journal en miettes, Gallimard, 1967

Nathalie Sarraute – « Ce flot de paroles qui nous fascine »

La mise en scène de la parole est la préoccupation première de Nathalie Sarraute. Une banale conversation entre deux amis, au restaurant, devient un monstrueux écheveau d'intentions et parfois une véritable mise à mort.

[...] *Stupeur* est le mot qui sert à désigner grossièrement ce que ces paroles produisent en celui qui, n'en croyant pas ses oreilles, les entend et, n'en croyant pas non plus ses yeux, voit dans l'autre sa propre image, vers laquelle, tel Narcisse, il se tend... il se voit, oui, c'est lui-même courant, parlant, serrant la main, sollicitant... « Mais c'est moi. C'est de moi que vous parlez. Je suis exactement comme vous... Nous sommes pareils... logés à la même enseigne... » À la même enseigne ? Qu'a-t-il dit ? Où l'a conduit cette expression dont il s'est servi machinalement ? Où ? il ne voit pas... tout se brouille...

Mais là, comme d'un écheveau emmêlé, un fil sort... il tire dessus... ce même besoin de parler, cette même hâte, cette même anxiété... ne serait-ce pas chez moi... comme chez lui... non, impossible... il lâche, il perd le fil... et puis courageusement le retrouve... le ressaisit. Oui, comme lui, moi comme lui, tout pareil, un naïf touchant de jobardise, d'aveuglement, une bonne bête, un donneur de sang... il tire encore plus fort et tout l'écheveau se dévide... il crie : Je suis comme vous, exactement comme vous, et vous savez ce que je découvre, vous savez ce que je crois : notre ami que nous aimons tant, il ne... eh bien, c'est clair, il ne m'aime pas.

Et aussitôt chez l'autre cet acquiescement, si rapide, sans une hésitation... dans son regard cet encouragement... ah enfin tu as vu, tu as trouvé enfin... et puis son regard se ferme, se tourne au-dedans de lui-même et il est visible qu'en lui aussi s'opère ce mouvement pour démêler... pour dénouer... encore un effort... et d'un seul coup les fils se dévident... il crie à son tour, sa voix a un son triomphant : Moi aussi j'ai trouvé, tout est clair pour moi aussi, la vérité est qu'il ne nous aime pas !

Cette découverte qui ne pouvait manquer d'avoir pour nos deux parleurs une importance, des conséquences qu'il est facile d'imaginer, pour nous a l'intérêt de nous faire voir tout à coup ce flot de paroles qui nous fascine, sous d'assez curieux et imprévisibles aspects...

Des paroles – ondes brouilleuses...

Des paroles – particules projetées pour empêcher que grossisse dans l'autre... pour détruire en lui ces cellules morbides où son hostilité, sa haine prolifèrent...

Des paroles – leucocytes que fabrique à son insu un organisme envahi de microbes.

Des paroles déversées par tombereaux, sans répit, pour assécher des marécages...

Des paroles – alluvions répandues à foison pour fertiliser un sol ingrat...

Des paroles meurtrières qui pour obéir à un ordre implacable répandent sur la table des sacrifices le sang d'un frère égorgé...

Des paroles porteuses d'offrandes, de richesses ramenées de la terre entière et déposées sur l'autel devant un dieu de la mort assis au fond du temple, dans la chambre secrète, la dernière chambre...

Mais où ne peut-on parfois être entraîné, porté par le cours d'une conversation familière, toute banale, à la table d'un restaurant où se retrouvent régulièrement pour déjeuner ensemble deux amis.

L'Usage de la parole, Gallimard, 1980

Jean-Pierre Sarrazac – « Le silence, découverte primordiale »

Jean-Pierre Sarrazac, universitaire et auteur dramatique, parle ici du théâtre de Vinaver en le reliant aux auteurs qui s'intéressent à la parole des « gens d'en bas » et qui font du silence un usage singulier qui touche au tragique.

L'écriture montée

On jugera peut-être, dans quelques dizaines d'années, que le silence a été la découverte primordiale du théâtre dans ce vingtième siècle. Mais son usage sur la scène n'a pas d'emblée consisté en cet acte *minimal* dont la mise en scène de *Travail à domicile* par Jacques Lassalle a dégagé l'immensité tragique : un délitement de la parole qui met en péril l'existence même de « ceux d'en bas ». Avant que d'annoncer la ruine du dialogue – sur la scène et dans la vie – et que de rendre compte des ravages de l'oppression sociale sur les corps de ceux que Kroetz appelle les « sous-privilégiés » (ouvriers, employés, obsédés par la norme petite-bourgeoise), le silence a d'abord tenu lieu de recours : un supplément de sens conféré au langage, une plongée dans l'ineffable des relations humaines. « La vie véritable, et la seule qui laisse quelque trace », professait Maeterlinck, « n'est faite que de silences ». Silence profond, silence de la « vraie vie » réservé aux individus d'élite, suintant leur psychologie secrète. Inconscient propret à ciel ouvert. Silence aux antipodes duquel se situent les blancs, les trous, les dépressions de langage, les empêchements de parler des nouvelles dramaturgies réalistes.

D'un silence brillant et sonore à un silence mat et sourd. À une parole qui restait loquace jusque dans ses interstices se substituent, dans les dramaturgies de Kroetz, Deutsch, Fassbinder ou Wenzel, le mutisme et la prostration généralisés, le tremblement sénile des lèvres et des langues, un babil silencieux : des points de suspension rongent les phrases et les crânes.

Dans ce courant d'écriture, Michel Vinaver occupe une place originale. Nul doute qu'il considère lui aussi que les classes dominantes ont seules (parce qu'il existe un seul but commun : se maintenir « en haut ») le privilège, dans la vie et sur le théâtre, de produire des répliques qui s'ajustent et qui se répondent. Nul doute qu'il sait que la scène d'« en bas » reste étrangère à la dialectique de la langue, interdite de parole. Mais il n'adopte pas, face à cette lutte des langues, l'attitude un peu raide que trahissent les pièces de Kroetz, cette manière ironique et cruelle qu'a le jeune auteur autrichien de mettre entre guillemets – d'exhausser le langage en lambeaux des « sous-privilégiés ». Car ne risque-t-on pas, à exhiber ce mince discours, d'insister artificiellement sur sa minceur, et de surenchérir ?... L'écart ne laisse pas d'interroger entre la maîtrise par le dramaturge de la pauvre langue « d'en bas » – les connaisseurs l'appelleront laconisme – et de manifestation de cette langue à travers les personnages eux-mêmes, prolétaires de la parole – on la nommera simplement *dénuement*. Dramaturges, devenons-nous les pleureuses de la communication après en avoir été les philanthropes ? »

« Vers un théâtre minimal », postface à *Théâtre de chambre de Michel Vinaver*, L'Arche, 1978

V. L'auteur, le texte et la scène

Les auteurs dramatiques appartiennent à la famille du théâtre et pourtant ils ont, avec le théâtre et ses artisans, une relation singulière. Ils portent sur la scène et ses conventions un regard différent, étonné ou critique, qui dépasse la préoccupation de « défendre » leur texte et leur territoire. Au-delà des anecdotes et des conflits avec le metteur en scène, ils font entendre la parole du poète, tâtillon, scrupuleux et exigeant quant au tableau et aux acteurs. Le théâtre dont ils rêvent devrait s'abstraire des conventions du plateau et bousculer ses habitudes, pour rejoindre une utopie où les metteurs en scène sont fidèles, les acteurs exemplaires et où le plancher ne craque jamais.

Jean Genet – « Un acte poétique, non un spectacle »

Pendant les répétitions et les représentations de *Les Paravents*, créé en 1966 au Théâtre de France par la compagnie Renaud-Barrault, Jean Genet adresse régulièrement à Roger Blin des lettres et des notes de travail, restées célèbres, où il exhorte, remercie, conseille, menace son metteur en scène. Précises jusqu'à l'obsession, révélant un extraordinaire souci du détail, ces lettres racontent le rapport de Genet au théâtre, son insatisfaction permanente dans la recherche de « l'acte poétique ».

Bien sûr, j'ignore tout du théâtre en général, mais j'en sais assez sur le mien.

Qu'un juge prononce un jugement, exigeons qu'il se prépare autrement que par la connaissance du code. La veille, le jeûne, la prière, une tentative de suicide ou d'assassinat pourraient l'aider afin que le jugement qu'il va prononcer soit un événement si grave – je veux dire un événement poétique – qu'il soit, l'ayant rendu, le juge, exténué, sur le point de perdre son âme dans la mort ou la folie. Exsangue, aphone, il resterait deux ou trois ans avant de se remettre. C'est beaucoup demander à un juge. Mais nous ? Nous sommes encore loin de l'acte poétique. Tous, vous, moi, les acteurs, nous devons macérer longtemps dans la ténèbre, il nous faut travailler jusqu'à l'épuisement afin qu'un seul soir, nous arrivions au bord de l'acte définitif. Et nous devons nous tromper souvent, et faire que servent nos erreurs. En fait, nous sommes loin de compte et ni la folie ni la mort ne me paraissent encore, pour cette pièce, la sanction la plus juste. C'est pourtant ces deux Déesses qu'il faut émouvoir afin qu'elles s'occupent de nous. Non, nous ne sommes pas en danger de mort, la poésie n'est pas venue comme il faudrait.

Si je voulais ce que vous m'aviez promis, le plein feu, c'est pour que chaque acteur *finît* avec éclat ses gestes ou son dire, et qu'il rivalisât avec la lumière la plus intense. Je voulais aussi la lumière dans la salle : le cul écrasé dans son fauteuil des spectateurs, leur immobilité imposée par le jeu, c'était assez pour départager la scène de cette salle, mais les feux sont nécessaires pour que la complicité s'établisse. Un acte poétique, non un spectacle, même beau selon l'habituelle beauté, aurait dû avoir lieu. Seule Casarès, par ses seuls moyens, a scintillé le dernier soir.

Dans une autre lettre, que vous avez sans doute perdue, je vous disais que mes livres, comme mes pièces, étaient écrites contre moi-même. Vous comprenez ce que je veux dire. Entre autres ceci : les scènes des soldats sont destinées à exalter – je dis bien *exalter* – la vertu majeure de l'Armée, sa vertu capitale : la bêtise. J'ai bandé pour des paras, jamais pour ceux du théâtre. Et si je ne réussis pas, par mon seul texte, à m'exposer, il faudrait m'aider. Contre moi-même, contre nous-mêmes, alors que ces représentations nous placent de je ne sais quel bon côté par où la poésie n'arrive pas.

Il faut considérer que nous avons échoué. La faute c'est notre dégonflage comme celui d'une cornemuse qui se vide en émettant quelques sons que nous voulions croire attrayants, et en nous accordant l'illusion que la mélodie achevée valait bien quelques pertes d'un gaz précieux. Par petites secousses successives afin de nous assurer d'un succès qui, à mes yeux, finalement est un échec. [...]

Plusieurs fois j'ai capitulé, par lassitude, devant les objections de Barrault et devant les vôtres. Votre connaissance du théâtre risque de vous faire éviter des fautes de goût : mon ignorance de ce métier aurait dû me conduire vers elles.

Je ne dis pas que le texte *écrit* de la pièce est d'une valeur tellement grande, mais je puis vous affirmer que, par exemple, je n'ai
méprisé aucun de mes personnages – ni Sir Harold, ni le Gen-
darme, ni les Paras. Sachez bien que je n'ai jamais cherché à les
« comprendre », mais, les ayant créés, sur le papier et pour la
scène, je ne veux pas les renier. Ce qui me rattache à eux est d'un
autre ordre que l'ironie ou le mépris. Eux aussi ils servent à me
composer. Jamais je n'ai copié la vie – un événement ou un
homme, Guerre d'Algérie ou Colons – mais la vie a tout naturellement fait éclore en moi, ou les éclairer si elles y étaient, les images que j'ai traduites soit par un personnage soit par un acte. Pas-
cal Monod, un des étudiants du service d'ordre, m'a dit, après la
dernière représentation, que l'armée n'était pas aussi caricaturale
que je l'ai montrée. Je n'ai pas eu le temps de lui répondre qu'il
s'agissait, ici, d'une armée de rêve, rêve esquissé sur le papier et
réalisé, bien ou mal, sur une scène, par exemple en bois et dont le
plancher craque sous les pieds. [...]

Lettres à Roger Blin, Gallimard, 1966

Bernard-Marie Koltès – « J'ai toujours un peu détesté le théâtre »

Amoureux du cinéma, Koltès choisit pourtant d'écrire pour le théâtre
car de toutes façons c'est la « vraie vie » qui l'intéresse. Toutes ses pièces ont été mises en scène par Patrice Chéreau, mais il revendique clairement l'indépendance de l'auteur. Les auteurs contemporains existent
mais ils ont besoin que leurs pièces soient jouées.

Théâtre

Je vois un peu le plateau de théâtre comme un lieu provisoire que
les personnages ne cessent d'envisager de quitter. C'est comme le
lieu où l'on se poserait le problème : ceci n'est pas la vraie vie,
comment faire pour s'échapper d'ici. Les solutions apparaissent
toujours comme devant se jouer hors du plateau, un peu comme
dans le théâtre classique.

L'automobile, pour nous qui sommes de la génération du cinéma,
pourrait alors être, sur un plateau, le symbole de l'envers du théâtre : la vitesse, le changement de lieu, etc. Et l'enjeu du théâtre
devient : quitter le plateau pour retrouver la vraie vie. Étant bien
entendu que je ne sais pas du tout si la vraie vie existe quelque
part, et si, quittant finalement la scène, les personnages ne se
retrouvent pas sur une autre scène, dans un autre théâtre, et ainsi

de suite. C'est peut-être cette question, essentielle, qui permet au théâtre de durer.

J'ai toujours un peu détesté le théâtre, parce que le théâtre, c'est le contraire de la vie ; mais j'y reviens toujours et je l'aime parce que c'est le seul endroit où l'on dit que ce n'est pas la vie.

Non, je n'écris pas mes pièces comme des scénarios de films ; je raconterais tout autre chose et tout autrement au cinéma. Ce n'est pas parce qu'une voiture est garée quelque part que c'est du cinéma ; ce n'est pas la forme du lieu, le décor, les instruments qui font la différence, c'est l'usage qu'on en fait et leur fonction. Bien sûr, j'écris des pièces qui se passent en extérieur, parce que je n'ai pas envie d'écrire des histoires qui se passent à la cuisine. Mais je suis certain qu'aucune de mes trois pièces ne pourrait exister ailleurs que sur une scène de théâtre.

La manière dont un metteur en scène conçoit un spectacle et la manière dont un auteur conçoit une pièce sont des choses si différentes qu'il vaut peut-être mieux qu'elles s'ignorent autant que possible, et qu'elles ne se rencontrent qu'au résultat. En ce qui me concerne, j'ai toujours écrit seul, et je ne me suis jamais mêlé de mise en scène. L'accord avec un metteur en scène se fait ailleurs, une fois le texte écrit et avant les répétitions. [...]

Je ne suis pas un bon spectateur de théâtre. Je peux bien voir mille mauvais films, je trouve qu'il y a toujours quelque chose de bon à prendre ; tandis qu'au théâtre... On essaie souvent de vous montrer le sens des choses, qu'on vous raconte, mais la chose elle-même, on la raconte mal ; alors qu'il me semble que c'est à bien la raconter que servent les auteurs et les metteurs en scène, et à rien d'autre. [...]

Auteurs

Je trouve que les metteurs en scène montent beaucoup trop de théâtre de « répertoire ». Un metteur en scène se croit héroïque s'il monte un auteur d'aujourd'hui au milieu de six Shakespeare ou Tchekov ou Marivaux ou Brecht. Ce n'est pas vrai que des auteurs qui ont cent ou deux cents ou trois cents ans racontent des histoires d'aujourd'hui ; on peut toujours trouver des équivalences ; mais non, on ne me fera pas croire que les histoires d'amour de Lisette et d'Arlequin sont contemporaines. Aujourd'hui, l'amour se dit autrement, donc ce n'est pas le même. [...] Je suis le premier à admirer Tchekov, Shakespeare, Marivaux, et à tâcher d'en tirer des leçons. Mais, même si notre époque ne compte pas d'auteurs de cette qualité, je pense qu'il vaut mieux jouer un auteur contemporain, avec tous ses défauts, que dix Shakespeare. [...]

Personne, et surtout pas les metteurs en scène, n'a le droit de dire qu'il n'y a pas d'auteur. Bien sûr qu'on n'en connaît pas, puisqu'on ne les monte pas, et que cela est considéré comme une chance inouïe d'être joué aujourd'hui dans de bonnes conditions ; alors que c'est quand même la moindre des choses. Comment voulez-vous que les auteurs deviennent meilleurs si on ne leur demande rien, et qu'on ne tâche pas de tirer le meilleur de ce qu'ils font ? Les auteurs de notre époque sont aussi bons que les metteurs en scène de notre époque.

Notes sur *Un hangar à l'Ouest*, in *Roberto Zucco*, Minuit, 1990

Valère Novarina – « C'est l'acteur qui va tout révolver »

Une langue, un texte, un acteur. C'est le résumé de quelques-unes des diatribes de Novarina sur le théâtre, ce « riche fumier ». Le texte passe d'abord par « l'orifice » de l'acteur, et c'est ce que beaucoup de metteurs en scène ont tendance à oublier.

Le théâtre est un riche fumier. Tous ces metteurs qui montent, ces satanés fourcheurs qui nous remettent des couches de dessus pardessus les couches du fond, de c'bricabron d'théâtruscule d'accumulation d'dépôts des restes des anciennes représentations des postures des anciens hommes, assez, glose de glose, vite, vive la fin de c'théâtre qui ne cesse pas de s'recommenter l'bouchon et d'nous rabattre les ouïes, oreilles et oreillons d'gloses de gloses, au lieu de tendre grand ses pavillons à la masse immense de tout ce qui se dit, qui s'accentue aujourd'hui, qui tire dans tous les sens la vieille langue imposée, dans l'boucan épatant des langues nouvelles qui poussent la vieille qui flanche qui en peut plus !

C'est l'acteur qui va tout révolver. Parce que c'est toujours dans le plus empêché que ça pousse. Et ce qu'il pousse, qui va le pousser, c'est d'la langue qu'on va revoir enfin sortir de l'orifice. L'acteur, il a son orifice pour centre, il le sait. Il peut pas encore le dire, parce que la parole aujourd'hui, dans le théâtre, n'est donnée qu'aux metteurs en scène et aux journalistes et que le public est poliment prié d'laisser son corps accroché dans l'vestiaire, et l'acteur, bien dressé, prié gentiment de pas tout foutre la mise en scène en bas, de pas troubler le chic déroulement du repas, l'échange joli des signes de connivence entre le metteur et les journaux (on s'envoie des signaux de culture réciproque).

Le metteur en chef, il veut que l'acteur se gratte comme lui, imite son corps. Ça donne le « jeu d'ensemble », le « style de la compagnie » ; c'est-à-dire que tout le monde cherche à imiter le seul corps qui se montre pas. Les journalistes raffolent de ça : voir partout le portrait-robot du metteur en scène qui ose pas sortir. Alors que je veux voir chaque corps me montrer la maladie singulière qui va l'emporter.

Lettre aux acteurs, in *Le Théâtre des paroles*, P.O.L. 1989

Annexes

Notions clés

Pour l'essentiel, les notions abordées ici ne relèvent pas d'une perspective historique mais sont limitées à leur pertinence dans le contexte des textes modernes et contemporains.

Absurde — On désigne sous l'appellation générale de « théâtre de l'absurde » les œuvres d'une génération d'auteurs de la seconde moitié du XXe siècle, notamment Beckett, Ionesco, Genet, Adamov, Pinter. Leurs pièces sont cependant différentes et c'est la critique qui les a regroupés sous ce vocable. Ils ont en commun de rompre avec les conventions dramaturgiques existantes et de montrer des personnages qui ont perdu leurs repères intimes et métaphysiques et qui errent dans un univers incertain. Le langage se délite, l'action souvent circulaire perd toute nécessité dans un théâtre de « l'inquiétante étrangeté ». On a parfois reproché à ce théâtre de l'après Seconde guerre mondiale sa vision pessimiste de la condition humaine qui exclut toute possibilité d'évolution et de transformation, puisqu'il se situe en marge du monde social et historique, dans un no man's land immuable d'après la catastrophe.

Ambiguïté — L'œuvre d'art est par nature ambiguë, c'est-à-dire sujette à plusieurs interprétations. Le théâtre contemporain se méfie du sens trop bien établi, des personnages entiers et des fables univoques. Il existe chez beaucoup d'auteurs une tendance à cultiver l'ambiguïté par une structure très ouverte et une fable qui fait de plus en plus appel à l'imagination de ceux qui entrent en relation avec le texte ou la représentation. Cette ambiguïté, qui s'oppose au « message » de l'œuvre fermée ou didactique, peut aller jusqu'à donner l'impression de l'abandon de tout point de vue.

Antithéâtre — Ionesco donne à sa *Cantatrice chauve* le sous-titre « d'antipièce ». Les critiques ont probablement forgé sur ce modèle « antithéâtre », qui se réfère à des formes dramaturgiques qui nient tous les principes de l'illusion théâtrale et toute sujétion aux conventions dramatiques admises. On voit apparaître le terme à propos d'*En attendant Godot* de Samuel Beckett, ce qui traduit alors la dimension négative d'œuvres qui refusent l'imitation, l'illusion, la construction logique et qui se seraient employées à détruire les principes admis jusqu'alors par le théâtre bourgeois.

Aristotélicien — Le théâtre aristotélicien désigne pour Brecht une dramaturgie qui se réclame d'Aristote et qui se fonde sur l'illusion et sur l'identification. Ce théâtre « dramatique » (souvent opposé au théâtre « épique ») repose aussi sur la cohérence et sur l'unification de l'action, sur sa construction autour d'un conflit à résoudre dans le dénouement. Le théâtre contemporain rompt avec le modèle aristotélicien (sans pour autant être « brechtien ») en renonçant le plus souvent à ces principes d'organisation, à l'exposition, au conflit, au dénouement, en proposant des structures éclatées et ouvertes ou en échappant à la tradition des « genres ».

Brechtien — Adjectif dérivé du nom de Bertolt Brecht et désignant une dramaturgie qui s'inspire du théâtre de Brecht, de l'historicisation et de la distanciation à fin idéologique. L'*historicisation* consiste à échapper à l'anecdote et à la vision individuelle de l'homme en le présentant dans son éclairage social. L'ensemble des conditions historiques en font un être transformable. Quant à la *distanciation*, elle s'applique à l'ensemble des procédés dramaturgiques qui visent à montrer l'objet représenté sous un aspect étrange, de façon à en révéler le côté caché ou devenu trop familier.

Convention — Toute dramaturgie repose sur des conventions, sur un ensemble de présupposés idéologiques et esthétiques qui permettent au spectateur de recevoir la représentation. Les dramaturgies nouvelles successives s'attaquent aux conventions et en créent implicitement d'autres, sans lesquelles toute communication théâtrale serait impossible. Il s'ensuit des périodes où la lecture et la réception des œuvres théâtrales sont plus délicates, quand les publics vivent encore sur d'anciennes conventions et se déclarent incapables d'en admettre de nouvelles. Le théâtre de l'absurde, en balayant les conventions admises jusque-là, s'est ainsi exposé à l'incompréhension.

Conversation — On pourrait appeler « théâtre de la conversation » les textes où l'échange verbal et les enjeux de la parole constituent à eux seuls l'essentiel ou la totalité de l'action. Mimant la conversation, ses détours et ses accidents dans un contexte où la situation est mince ou à peu près réduite à la situation de parole, les dialogues sont construits à partir des enjeux qu'impose l'échange verbal. L'identité des personnages peut s'y réduire à celle de « sujets parlants » et se construire à partir de ce qu'ils énoncent.

Didascalies — Indications scéniques dans l'usage moderne, elles regroupent les éléments du texte (« texte secondaire ») qui aident à lire et/ou à interpréter l'œuvre dramatique. Les textes d'aujourd'hui excluent radicalement tout « commentaire » (Sarraute, Vinaver), ou en maintiennent un usage pléthorique (Beckett, Vauthier), révélant ainsi des relations opposées avec le lecteur.

Éclaté — Le théâtre éclaté propose une structure morcelée, anti-unitaire, où l'action se transporte dans des espaces et des temps différents en créant des « possibilités » et des « virtualités » qui ouvrent le sens, en multipliant les cassures et les vides qui appellent l'intervention du lecteur.

Énonciation — L'analyse dramaturgique s'intéresse à l'énonciation à deux niveaux : celui des discours que tiennent les personnages et celui que tient implicitement l'auteur en direction du lecteur. Au lieu de considérer que la parole va de soi au théâtre, il s'agit d'en étudier les conditions d'apparition, les présupposés linguistiques et situationnels qui la dévoilent, les relations qu'elle présuppose entre les personnages, et aussi les marques caractéristiques du discours de l'auteur qui en assurent l'homogénéité ou une certaine pertinence globale. Cette forme d'analyse est particulièrement active dans un théâtre de la parole.

Épique — Le théâtre épique s'oppose au théâtre dramatique dans la théorie brechtienne qui les distingue terme à terme à partir de critères esthétiques et idéologiques. Historiquement, des éléments épiques sont cependant introduits dans le drame chaque fois qu'il s'agit de raconter plutôt que de montrer. Aristote distingue ainsi l'épique (imiter en racontant) du dramatique (imiter en agissant). Une partie du théâtre contemporain rejette les catégories du dramatique et renoue avec les traditions narratives du conteur populaire ou avec des formes complexes de récits à plusieurs niveaux qui multiplient les points de vue et invitent le lecteur ou le spectateur à intervenir. Moins construits sur les tensions de l'attente, sur la « suspension d'esprit », beaucoup de textes d'aujourd'hui inscrivent des formes épiques dans leur dramaturgie sans que les œuvres aient nécessairement une orientation idéologique. On peut y voir la nostalgie d'une adresse directe au spectateur et le signe d'une envie de raconter sans faire appel aux catégories parfois pesantes du « théâtre dramatique ».

Dramaturgie — À l'origine, « art de la composition des pièces de théâtre », la dramaturgie étudie tout ce qui constitue la spécificité de l'œuvre théâtrale dans l'écriture, le passage à la scène et la relation au public. Elle travaille donc à articuler l'esthétique et l'idéologique, les formes et le contenu de l'œuvre, les intentions de la mise en scène et son accomplissement. La dramaturgie contemporaine repère les évolutions formelles et leurs relations aux idées et à la société.

Fable — « Assemblage des actions accomplies » pour Aristote, la fable est la « suite des faits qui constituent l'élément narratif d'une œuvre » pour le dictionnaire Robert, et un « point de vue sur l'histoire » au sens brechtien. Dans les textes contemporains où les actions et les faits sont plutôt rares ou difficiles à repérer, la construction du substrat narratif aussi bien que l'élaboration d'un point de vue sur le récit font problème. Souvent mise en question, la fable survit au moins sous la forme de fragments de récits ou d'assemblage d'événements dont l'importance est difficile à mesurer. On parle souvent de « micro-fables » correspondant à des récits minimaux ou fragmentaires, ou de « fables ambiguës » quand elles se prêtent à un grand nombre d'interprétations. Il semble difficile d'envisager un théâtre dont la fable serait totalement absente, ne serait-ce que parce que le lecteur s'empresse d'en chercher et d'en reconstruire une.

Fragment — La dramaturgie du fragment correspond à une écriture éclatée, non totalisante, qui renonce à apporter un point de vue définitif sur le monde. Elle en présente plutôt la déconstruction, le jeu des facettes, le chantier et ses aspérités au détriment de l'achèvement lisse du « grand œuvre ». Elle privilégie les parties plutôt que le tout, la discontinuité plutôt que l'enchaînement. Elle atteint ses limites lorsque sa composition en éclats est soupçonnée d'aboutir à une impasse ou de révéler une impuissance.

Genre — Le classement des œuvres littéraire par « genres » et la subdivision du genre théâtral en tragédie, drame ou comédie, ne correspond plus à la réalité des écritures d'aujourd'hui. La scène s'est emparée de tous les « textes » existants, quels que soient leur régime et même assez souvent sans se préoccuper de leur adaptation dans des formes théâtrales reconnues. Quant aux textes dramatiques, ils se situent le plus souvent en dehors des genres, faisant du mélange des tons et des thèmes un usage ordinaire, de la parodie et du grincement un principe d'écriture. Il est moins que jamais possible de se repérer dans les formes existantes au point que l'on parle régulièrement des « écritures dramatiques » au pluriel.

Imitation — Depuis Aristote jusqu'aux réalismes, le principe d'imitation (la *mimesis* grecque) doit donner au spectateur l'illusion de la réalité. Même s'il s'agissait toujours de conventions, l'éclatement de celles-ci dans les écritures contemporaines rend le principe d'imitation encore moins d'actualité. On parle même aujourd'hui de « dénégation » du réel, l'illusion ne pouvant exister que si le spectateur est dialectiquement conscient de se trouver face au monde artificiel de la scène. La rareté des actions, l'écriture fragmentaire, la mise en crise du personnage et l'usage de la parodie font qu'une bonne partie des écritures d'aujourd'hui ne prend plus du tout en compte ce principe.

Parodie — La pièce parodique transforme ironiquement un texte antérieur en s'en moquant par des effets comiques. Le théâtre de l'absurde a fait un grand usage de la parodie en travestissant les formes existantes et en rendant dérisoires les conventions théâtrales. L'usage postmoderne de la « citation » a redonné du lustre à la parodie en intégrant dans les œuvres des fragments dont on ne sait pas toujours si leur usage est purement ironique. La parodie profane aussi les valeurs établies, crée les conditions d'un vide tragique lorsque plus rien n'a de sens ou ne peut être pris au sérieux, pas même le langage, fondement des échanges humains.

Personnage — L'affaiblissement de la notion de « caractère » et les effets de la déconstruction se font sentir sur le personnage. Dédoublé, divisé, nanti d'une identité floue, simple support de l'énonciation, le personnage de théâtre a été mis à mal dans les textes mais il renaît obstinément dans la mesure où l'acteur et l'actrice lui redonnent en scène un corps et une substance humaine. Ses contours sont plus difficiles à repérer, son identité sociale s'est souvent dissoute et les analyses psychologiques ne suffisent pas à rendre compte de sa fonction dramaturgique de « carrefour du sens » qui rassemble, ne serait-ce que sous un sigle, une somme de discours. Le théâtre contemporain ne peut cependant pas se passer du personnage même si la façon de l'envisager évolue.

Quotidien — Le terme générique de théâtre du quotidien recouvre des formes d'écriture sensibles à l'accueil et la théâtralisation du « quotidien », traditionnellement exclu de la scène pour cause de banalité ou d'insignifiance. Il n'est pas forcément réaliste ou naturaliste.

Sens — La constitution du « sens » de n'importe quel texte dramatique fait l'objet d'études sémiotiques et structurales qui distinguent sens premier et interprétation, repérage des réseaux de sens textuels et projet de passage à la scène. En ce qui concerne notre corpus, un premier débat, plus ordinaire, a éclaté autour du théâtre de l'absurde accusé de ne rien « signifier » ou littéralement de n'avoir aucun sens. (On parle d'ailleurs de « nonsense » à propos de Harold Pinter.) On en est revenu depuis, la critique ayant justifié par la métaphysique et la non-communication le « vide » des actions et la mise à mal du langage. Ce soupçon continue à peser sur une partie des écritures contemporaines dans la mesure où elles ne s'appuient ni sur un récit apparent ni sur une structure très charpentée. Quand il n'est pas confondu avec la fable, le sens peut toujours se construire, une fois admis qu'il est rarement donné de manière explicite et qu'il est davantage dissous dans des formes qui font appel à la collaboration du lecteur.

Situation — Repérer la situation dans un texte revient à décrire avec précision la totalité des relations entre les personnages à un moment de la pièce, à prendre conscience du contexte spatio-temporel et des conditions d'énonciation. « Comprendre la situation » est une donnée traditionnelle de l'analyse théâtrale. Les choses ne sont pas simples quand les situations proposées sont moins fortes ou moins « dramatiques », ou quand les relations entre les personnages sont incertaines et que l'action est frappée d'immobilité. Le théâtre d'aujourd'hui est moins un théâtre de la situation et de l'action qu'un théâtre où la parole prédomine dans un contexte délicat à construire. Il existe toujours des situations, mais il faut admettre qu'elles sont plus incertaines ou plus minces, frappées de fragilité ou au contraire, tellement banales que l'intérêt du texte ne repose pas plus sur la situation que sur l'intrigue.

Théâtralité — Caractère de ce qui se prête à la représentation scénique. Traditionnellement, du point de vue du texte, la théâtralité se mesure à l'existence de formes, comme par exemple le dialogue, qui conviennent à la scène, à la présence de forces contradictoires prises en charge par les personnages et d'enjeux clairement visibles dans les rapports établis par la parole. C'est ainsi que le théâtre s'oppose au roman ou à la poésie. Cependant, la notion de théâtralité évolue dans la mesure où le dialogue alterné n'est plus une obligation de l'écriture ; la théâtralité se repère aussi dans l'usage particulier de la langue ; l'affaiblissement des genres et les essais de mise en scène ont fait reculer les limites de ce que l'on entendait par « texte théâtral » au point que l'on peut aujourd'hui envisager le passage à la scène de n'importe quel texte. La théâtralité s'entend parfois aussi, à tort, comme la célébration du spectaculaire et de l'excès, alors qu'il peut exister des formes minimales de théâtralité. Michel Corvin souligne dans son *Dictionnaire Encyclopédique du Théâtre* que la notion, aussi abstraite qu'elle soit, est inscrite dans l'histoire et qu'« il n'y a peut-être qu'une différence de degré, non de nature, entre les manifestations divergentes de la théâtralité ».

Notices biographiques

ADAMOV Arthur (1908-1970) — Commence à écrire pour le théâtre en 1945. Classé par la critique comme un auteur du « théâtre de l'absurde » (*La Parodie,* écrite en 1947). Il est alors mis en scène par Vilar, Serreau, Planchon. Il se rattache par la suite aux dramaturges du théâtre politique dans la mesure où il désire faire paraître dans ses textes « l'histoire vivante » *(Ping-pong* en 1954 *; Paolo-Paoli ; Le printemps 71 ; La politique des restes).* Édité chez Gallimard.

ANNE Catherine — Comédienne, metteur en scène et auteur. Elle utilise largement le dialogue laconique parlé par des personnages jeunes. *Une année sans été* (1988), son premier texte, s'inspire de la vie de Rainer-Maria Rilke. Éditée par Actes-Sud Papiers.

AQUARIUM (THÉÂTRE DE L') — Troupe universitaire fondée par Jacques Nichet en 1964, qui devient professionnelle en 1970. Sa réputation s'est faite dans les années 70 par des créations collectives sur des thèmes sociaux. *Marchands de ville* (1972), *Tu ne voleras point* (1974), *La Jeune Lune* (1976).

ARRABAL Fernando (né en 1933) — Écrivain espagnol d'expression française, auteur de romans, de films et d'un grand nombre de textes de théâtre. Connu surtout pour son théâtre « panique », il a été beaucoup mis en scène au début des années soixante-dix, notamment par Victor Garcia et Jorge Lavelli, mais il ne semble pas avoir retrouvé depuis les faveurs du public. Parmi ses œuvres : *Pique-nique en campagne,* 1959 ; *L'Architecte et l'Empereur d'Assyrie,* 1967 ; *Le Cimetière des voitures,* 1969. Publié chez Julliard puis chez Christian Bourgois.

AZAMA Michel — Auteur, metteur en scène, acteur, dramaturge du Nouveau théâtre de Bourgogne (Dijon). *Croisades* (1988). Édité par L'Avant-scène et par Théâtrales.

BECKETT Samuel (1906-1989) — Auteur irlandais qui écrit en français depuis 1945 de nombreux « textes » difficiles à classer. Considéré par la critique comme chef de file du théâtre de l'absurde dans la mesure où il bouleverse les règles de l'écriture dramatique. Joué partout, dans toutes les langues, alors que *En attendant Godot* (écrit en 1948-1949) avait suscité à la création stupeur et violentes critiques. Suivront notamment au théâtre, *Fin de partie* (1956), *Oh les beaux jours* (1961), parmi ses pièces les plus souvent mises en scène. Publié en France aux Éditions de Minuit.

BENEDETTO André (né en 1934) — Auteur, acteur, metteur en scène installé en Avignon et engagé dans une écriture de dénonciation politique et sociale à travers une trentaine de textes (*Les Drapiers jacobins*, 1976 ; *La Madone des ordures*, 1973). Publié chez P.J. Oswald.

BESNEHARD Daniel (né en 1954) — Auteur dramatique et secrétaire général au Centre dramatique d'Angers. Dans ses textes sensibles, il est parfois tenté par un « nouveau naturalisme ». *Passagères* (1984), *L'Ourse blanche* (1989). Édité par Théâtrales.

BESSET Jean-Marie — Un auteur attiré par la conversation, par « le jeu entre le pouvoir et la parole », écrit Bernard Dort à son propos. *La Fonction* (1987), *Fête Foreign* (1991). Édité par Actes-Sud Papiers.

BONAL Denise — Comédienne dans la décentralisation théâtrale et à Paris, professeur au Conservatoire de Paris, auteur de près d'une dizaine de pièces, de *Légère en Août* (1974) à *Passions et prairie* (1987). Éditée par Théâtrales.

BRECHT Bertolt (1898-1956) — Auteur dramatique, poète lyrique, théoricien de l'art et metteur en scène allemand qui marque son époque par sa conception du « théâtre épique » défini par sa fonction sociale et politique. Perçu aujourd'hui comme une référence majeure du théâtre. Ses premières pièces le font connaître après la Première Guerre mondiale, le théâtre épique proprement dit arrivant avec *Homme pour homme* (1927). Il accentue ensuite la dimension didactique de son théâtre (*La Mère*, 1932). *Grand'Peur et Misère du Troisième Reich* (1938) répond à l'urgence de la montée du nazisme. Publié en français à L'Arche.

CHARTREUX Bernard (né en 1942) — Auteur longtemps attaché au collectif dramaturgique réuni par Jean-Pierre Vincent au Théâtre National de Strasbourg. *Violences à Vichy* (1980), *Dernières Nouvelles de la Peste* (1983), *Œdipe et les Oiseaux* (1989). Édité par Théâtrales.

CORMANN Enzo (né en 1954) — Auteur dramatique résolument moderne dans son écriture qui alterne monologues et dialogues et provoque le choc de différents styles. *Credo* et *Le Rôdeur* (1982), *Noises* (1984), *Le Roman de Prométhée* (1986), *Sang et eau* (1986). Publié par Théâtre Ouvert, Théâtrales, Papiers, Minuit...

DEUTSCH Michel (né en 1948) — L'un des fondateurs du « Théâtre du quotidien » dont il s'écarte pourtant complètement dans ses dernières œuvres. Fit partie du groupe de dramaturges rassemblés par J.-P. Vincent au Théâtre National de Strasbourg. *Dimanche, Ruines* (1974), *L'Entraînement du champion avant la course* (1975), *Convoi* (1980). Publié par Théâtre Ouvert et Bourgois.

DOUTRELIGNE Louise (née en 1948) — Comédienne sous le nom de Claudine Fiévet, installée avec la compagnie Fiévet-Paliès à Limoges après avoir joué dans beaucoup de C.D.N. *Détruire l'image* (1981), *Petit'pièces intérieures* (1986). Publiée par Théâtre Ouvert, Théâtrales et Papiers.

DURAS Marguerite (née en 1914) — Romancière, cinéaste et auteur dramatique qui a la particularité de situer le discours « dans la dimension d'une mémoire qui a été purifiée de tout souvenir » écrit M. Foucault. Plusieurs rôles créés par Madeleine Renaud, des mises en scène de Claude Régy. Parmi les œuvres, *Le Square* (1956), *Des journées entières dans les arbres* (1971), *Eden-Cinéma, India Song*. Publiée chez Gallimard et aux Éditions de Minuit.

DURIF Eugène — Journaliste, dramaturge, originaire de la région lyonnaise. *Tonkin-Alger, L'Arbre de Jonas*. Édité par Comp'Act.

FASSBINDER Rainer Werner — Dramaturge et cinéaste allemand souvent joué en France dont une grande partie du travail théâtral a été réalisé autour de 1970 avec « l'Antiteater » à Munich. *Le Bouc, Les Larmes amères de Petra von Kant, Liberté à Brême*, trad. fr. 1983 de P. Ivernel. Édité à L'Arche.

FICHET Roland (né en 1950) — Auteur et metteur en scène, fondateur du Théâtre de Folle-Pensée à Saint-Brieuc. *Plage de la Libération* (1988), *La Chute de l'Ange rebelle* (1990). Édité par Théâtrales.

FO Dario (né en 1926) — Acteur, auteur, scénographe italien de renommée mondiale depuis *Mistero Buffo* en 1969. Avec sa femme Franca Rame, il fonde une compagnie où il reprend des farces traditionnelles et écrit des comédies dont l'engagement civique et politique est radical. Il renouvelle le genre par des « parleries » où il s'adresse directement au public en laissant une place à l'improvisation. Édité à L'Arche.

GATTI Armand (né en 1924) — Journaliste, auteur dramatique, cinéaste réputé pour la façon dont il renouvelle l'écriture et la conception du théâtre politique et pour la façon dont il travaille avec des groupes de toutes origines dans des ateliers de création populaire. Neuf volumes publié au Seuil, dont *Chronique d'une planète provisoire, Chant public devant deux chaises électriques* (1966), *La Vie imaginaire de l'éboueur Auguste G.*

GENET Jean (1910-1986) — Auteur dramatique dont les œuvres sulfureuses firent scandale à plusieurs reprises. (*Les Bonnes,* en 1947, *Les Paravents,* en 1966.) Son théâtre se caractérise par l'exaltation de la théâtralité, par l'affirmation de l'illusion sous toutes ses formes, par la négation du monde réel et la création d'un univers où le cérémoniel et la mort règnent. Publié chez Gallimard.

GRUMBERG Jean-Claude (né en 1939) — Auteur, acteur et metteur en scène très connu depuis *Dreyfus* (1974), *En r'venant de l'Expo* (1975) et surtout depuis *L'Atelier* (1979) qui eut un grand succès public. Grumberg, entre humour et pathétique, évoque notamment la vie des petites gens sous l'occupation, à nouveau avec *Zone libre* (1990), Édité par Stock et Actes-Sud Papiers.

IONESCO Eugène (né en 1912) — Un des plus célèbres auteurs du théâtre de l'absurde dont *La Cantatrice chauve* en 1950 stupéfia spectateurs et critiques. Très jouée pendant plus de trente ans, son œuvre qui s'attaque au langage et à l'exercice du pouvoir est d'abord une « tentative pour faire fonctionner à vide le mécanisme théâtral ». Plutôt humaniste, Ionesco s'attaque par la suite aux tenants du théâtre politique. Dans *Rhinocéros* (1958) il désigne les idéologies totalitaires et réhabilite peu à peu fables et paraboles. (*Le Roi se meurt*, 1962, *La Soif et la Faim*, 1964.) Publié chez Gallimard.

KALISKY René (1936-1981) — Auteur dramatique belge d'expression française dont les textes mêlent les temps et les espaces, brouillent l'image des personnages en le démultipliant, en créant une série de points de vue. *Le Pique-nique de Claretta* (1973), *La Passion selon Pier Paolo Pasolini* (1978). Publié chez Gallimard et chez Stock.

KOLTÈS Bernard-Marie (1948-1989) — Rendus célèbres par les mises en scène de Patrice Chéreau (*Combat de nègres et de chiens* est créé en 1983 ; suivent *Dans la solitude des champs de coton* et le *Retour au désert*), les textes de Koltès rencontrent un large public qui découvre l'écriture parfois lyrique, parfois familière, d'un tout jeune homme qui crée un monde bien à lui où il est question d'échanges entre les êtres et où rôde la mort. *Roberto Zucco* a été créé en Allemagne par Peter Stein. Publié aux Éditions de Minuit.

KROETZ Franz Xaver (né en 1946) — Acteur et auteur dramatique allemand dont l'influence en France s'est fait sentir dans les années soixante-dix sur le théâtre du quotidien. Kroetz s'intéresse surtout à la vie des gens simples qu'il montre comme une tragédie. (*Travail à domicile*, 1969 ; *Concert à la carte, Haute-Autriche.*) Édité à L'Arche.

LAIK Madeleine. — Se consacre à l'écriture à partir de 1976. En 1980, crée « Les Téléfériques », collectif de dix femmes qui prend en charge des ateliers d'écriture avec des jeunes. A écrit *Transat, Double commande, Les Voyageurs*. Éditée par Théâtre Ouvert et par Théâtrales.

LEMAHIEU Daniel (né en 1946) — Auteur et metteur en scène, Lemahieu explore des formes différentes où le dialogue éclaté et le langage relancent des fables ambiguës. *Entre chien et loup* (1982), *Usinage* (1984), *L'Étalon or* (1988). Édité par Théâtre Ouvert et par Théâtrales.

LIVING THEATER — Groupe théâtral américain créé au début des années cinquante par Julian Beck et Judith Malina qui servit de modèle tout au long des années soixante-dix à un travail théâtral fondé sur l'expérience collective et le corps de l'acteur dont il renouvelle l'expression.

MAGNAN Jean (1939-1983) — Acteur, puis dramaturge au Théâtre de la Reprise (Lyon). Auteur avec *Entendu des soupirs* (1981), *Algérie 54-62* (1986). Édité chez Lattès puis Théâtrales.

MICHEL Georges (né en 1926) — Publie à la fin des années soixante une série de pièces qui tournent autour des rapports conflictuels entre l'individu et la société. *L'Agression* (1967) et *La Promenade du dimanche* ont été créées au TNP. Édité chez Gallimard et chez Papiers.

MINYANA Philippe (né en 1946) — Comédien et auteur régulièrement mis en scène depuis 1980, qui explore notamment le croisement des longs monologues et du dialogue. *Inventaires* (1987), *Chambres* et *Les Guerriers* (1990). Édité par Théâtre Ouvert, Théâtrales et L'Avant-scène.

MULLER Heiner (né en 1929) — Poète et auteur dramatique allemand très souvent mis en scène en France, qui travaille sur l'histoire (*La Route des chars*, 1984-87) et renouvelle l'écriture dramatique dans des textes singuliers qui mêlent par exemple la figure d'Hamlet et la tragédie du communisme au XXe siècle. (*Hamlet-machine*, 1977). Édité par Théâtrales et par Minuit.

NOVARINA Valère (né en 1942) — Mis à part *L'Atelier volant* (1971), les textes de Novarina se situent à la limite de l'écriture dramatique, grand théâtre de la langue où le corps de la langue maternelle est mis sens dessus dessous au profit d'une sorte d'ivresse phonique. (*Le Discours aux animaux*, 1987.) Édité chez P.O.L.

PINTER Harold (né en 1930) — Auteur dramatique, comédien et metteur en scène anglais reconnu en Grande-Bretagne comme un chef de file du « théâtre de l'absurde ». Souvent mis en scène en France, notamment par Claude Régy. (*L'Anniversaire*, 1958, *Le Retour*, 1965, *No Man's Land*, 1975.) Édité chez Gallimard dans des traductions d'Éric Kahane.

RENAUDE Noëlle (née en 1949) — Écrit pour le théâtre depuis 1980, principalement des comédies aigres-douces. *Divertissements touristiques*, 1989, *Le Renard du Nord*, 1991. Éditée chez Théâtrales.

SARRAUTE Nathalie (née en 1902) — Romancière reconnue comme l'un des piliers du « nouveau roman » et auteur dramatique qui met en scène les infimes mouvements de l'être saisis au moment de l'échange par le langage. *C'est beau, Elle est là* (éd. en 1985), *Pour un oui ou pour un non,* 1982. Édité chez Gallimard.

SARRAZAC Jean-Pierre (né en 1946) — Universitaire et auteur dramatique depuis la fin des années soixante-dix qui crée un théâtre intime prenant notamment appui sur la mémoire. *La Passion du jardinier, Les Inséparables,* 1989. Édité chez Théâtrales.

SOLEIL (THÉÂTRE DU) — Troupe fondée par Ariane Mnouchkine en 1964, qui fut notamment le phare de la « création collective ». Plusieurs textes, comme *L'Âge d'Or* (1975) furent ainsi établis à partir d'improvisations autour d'un scénario collectif.

TARDIEU Jean (né en 1903) — Poète et auteur dramatique qui fait entrer l'insolite dans le quotidien en s'attaquant au langage. Considéré comme un épigone du théâtre de l'absurde, il occupe cependant une place à part en renouvelant sans cesse les jeux du langage. Dix-sept pièces de *Théâtre de chambre.* Édité chez Gallimard.

TILLY François-Louis (né en 1946) — Acteur dans les années soixante-dix, puis auteur et cinéaste. *Charcuterie fine* (1980), *Spaghetti bolognese,* L'Avant-scène.

VALLETTI Serge — Comédien et auteur dramatique interprétant longtemps ses propres « solos » avant de passer au dialogue. Auteur de comédies étranges dont le langage fait appel à l'usage oral. *Le Jour se lève, Léopold* (1988), *Saint Elvis* (1990). Édité chez Bourgois.

VAUTHIER Jean (né en 1910) — Auteur dramatique de la génération des dramaturges-poètes des années cinquante (Audiberti, Césaire), connu surtout pour la force et l'originalité de sa création verbale. *Capitaine Bada* (1952), *Le Personnage combattant* (1956), *Les Prodiges* (1971). Édité chez Gallimard.

VINAVER Michel (né en 1927) — Auteur dramatique et romancier qui partagea longtemps son temps entre ses activités de président-directeur général d'une multinationale, et l'écriture. Ses fables assez fragiles se développent dans des dialogues croisés, fragmentaires, qui créent un tissu dramatique très particulier, né de la parole ordinaire et transformé par de subtils agencements. *Les Coréens* (1956). *Par-dessus bord* (1969), *À la renverse* (1980). Édité par L'Arche ; le *Théâtre complet* par Actes-Sud.

WENZEL Jean-Paul (né en 1947) — Comédien, auteur dramatique et metteur en scène qui participa à la création du théâtre du quotidien et connut un grand succès international en 1975 avec *Loin d'Hagondange*. *Les Incertains* (1978), *Boucher de nuit* (1985). Édité par Théâtre Ouvert.

Tableau chronologique

DATES	HISTOIRE	VIE CULTURELLE
1946	Naissance de la IVe République	
1947		
1949	Création du Conseil de l'Europe Mao Tsé-Toung, président de la République populaire chinoise	
1950		
1951	Offensive française au Tonkin	J. Vilar prend la direction du T.N.P.
1952		
1954	Armistice en Indochine	Le Berliner Ensemble au Festival des Nations à Paris
1955	État d'urgence en Algérie	*De la tradition théâtrale*, de J. Vilar
1956	Indépendance de la Tunisie	
1958	Insurrection d'Alger Entrée en vigueur de la Constitution de la Ve République Ch. De Gaulle, Président de la République	
1959		Mort de G. Philipe André Malraux, ministre d'État chargé des Affaires culturelles
1960	L'année des indépendances en Afrique noire John Kennedy, Président des USA	*À bout de souffle*, de J.-L. Godard
1961	Youri Gagarine dans le satellite soviétique	Le Living Théâtre au Théâtre des Nations à Paris avec *The Connection*
1962	Accords d'Évian Indépendance algérienne	
1963	Assassinat de J. Kennedy	Premier Festival mondial du théâtre étudiant, créé à Nancy par J. Lang

AUTEURS ET ŒUVRES	TEXTES THEORIQUES
es Bonnes, de J. Genet, mise en scène de L. Jouvet	*La Peste,* de A. Camus
	Les Communistes, de L. Aragon
a Cantatrice chauve, de E. Ionesco, mise en scène e N. Bataille	
	Saint-Genet, comédien et martyr, de J.-P. Sartre
e professeur Taranne, d'Adamov, mise en scène e J. Mauclair	
es Coréens, de M. Vinaver, mise en scène de .. Planchon	*La Chute,* de A. Camus
, Vilar ouvre le T.N.P. Récamier avec le *Crapaud-uffle,* de A. Gatti	
,M. Serreau met en scène *Barrage contre le Paci-que,* de M. Duras	*La Route des Flandres,* de C. Simon
	Les Mots, de J.P. Sartre
)h les beaux jours, de Samuel Beckett	*Le Fou d'Elsa,* de L. Aragon
	Les Fruits d'or, de N. Sarraute

DATES	HISTOIRE	VIE CULTURELLE
1965	Réélection de Ch. De Gaulle	
1966		
1967	De Gaulle à Montréal : « Vive le Québec libre ! »	Nancy devient Festival mondial de Théâtre *Théâtre public,* de B. Dort
1968	L'agitation étudiante gagne tous les continents, culmine en France en mai 68, dure aux USA jusqu'en 1973 Fin de la guerre du Viêt-nam Nixon, Président des USA	Le Festival d'Avignon et J. Vilar sont contestés Création du « Festival off »
1969	De Gaulle se démet de ses fonctions Pompidou, Président de la République	
1970		Ionesco à l'Académie française
1971		Mort de J. Vilar
1972		Naissance du Festival d'Automne J. Lang, directeur du Théâtre de Chaillot
1973		
1974 1975	Chute des dictatures (Révolution des Œillets au Portugal, mort de Franco et renaissance démocratique en Espagne)	P. Brook s'installe aux Bouffes du Nord J.-P. Vincent au Théâtre national de Strasbourg

AUTEURS ET ŒUVRES	TEXTES THEORIQUES
	Nouveaux Mémoires Intérieurs, de F. Mauriac
es Paravents, de J. Genet à l'Odéon	*Les Mots et les choses*, de M. Foucault
a Soif et la Faim, de E. Ionesco à la Comédie Fran-ʌise	
ʌant public devant deux chaises électriques, de ʌ Gatti au T.N.P.	
e Cimetière des Voitures, de F. Arrabal	
ʌe Brig, du Living Théâtre à l'Odéon	
ʌe saison au Congo, d'Aimé Césaire, mise en ʌène de J.-M. Serreau	*Antimémoires*, de A. Malraux
	Œuvres complètes, de P. Éluard dans la Pléiade
comme Viêt-nam, de A. Gatti au T.E.P.	
ʌf limits, d'Adamov	
Théâtre du Soleil s'installe à la Cartoucherie de ʌncennes	*L'Empire des signes*, de R. Barthes
Personnage combattant, de J. Vauthier	*L'idiot de la famille*, de J.-P. Sartre
Regard du sourd, de B. Wilson à Paris	
ʌ le Téméraire, de R. Kalisky	
ʌr-dessus bord, de M. Vinaver, mise en scène de ʌPlanchon	*Le Plaisir du texte*, de R. Barthes
	Anthropologie structurale, de C. Lévi-Strauss

DATES	HISTOIRE	VIE CULTURELLE
1976		« Théâtre ouvert » de L. Attoun devient permanent et itinérant Ouverture du Centre Beaubourg
1977		*Lire le théâtre*, d'Anne Übersfeld
1979	Élection au suffrage universel du Parlement européen de Strasbourg	
1981	François Mitterrand élu Président de la République	A. Vitez à Chaillot J. Lang, ministre de la Culture
1982	Guerre des Malouines (Falklands)	P. Chéreau au Théâtre des Amandiers de Nanterre
1983		J.-P. Vincent à la Comédie Française
1984	Graves émeutes de la faim au Maroc et en Tunisie	Création du Festival de la Francophonie à Limoges
1985		Jean Le Poulain à la Comédie Française
1987		
1988	Réélection de F. Mitterrand	A. Vitez à la Comédie Française J. Savary au T.N. de Chaillot *La Représentation émancipée*, de Bernard Dort

AUTEURS ET ŒUVRES	TEXTES THEORIQUES
Travail à domicile, de F.X. Kroetz, mise en scène de J. Lassalle, au T.E.P.	
Loin d'Hagondange, de J.-P. Wenzel, mise en scène par P. Chéreau	*Théories du symbole*, de T. Todorov
Hamlet-Machine, de Heiner Müller Éd. de Minuit	*La Distinction*, de P. Bourdieu *La Condition postmoderne*, de J.-F. Lyotard
Tombeau pour cinq cent mille soldats, de P. Guyotat, mise en scène par A. Vitez	
	Le Nom de la Rose, de U. Eco
Savannah Bay, de M. Duras au Rond-Point *Combat de nègres et de chiens*, B.-M. Koltès, mise en scène de P. Chéreau	*Femmes*, de Philippe Sollers
Le Balcon, de J. Genet, mise en scène de G. Lavaudant, à la Comédie Française	*Acteurs, des héros fragiles* (Revue « Autrement »)
	Le Compte Rendu d'Avignon, de Michel Vinaver

Bibliographie

Cette bibliographie rassemble surtout des ouvrages généraux concernant l'histoire et l'analyse des textes de théâtre, la dramaturgie moderne et contemporaine. Nous avons renoncé à y faire figurer des monographies. Quand le titre n'est pas assez explicite, une information sur l'ouvrage est donnée entre parenthèses.

ABIRACHED Robert
> *La Crise du personnage dans le théâtre moderne,* Paris, Grasset, 1978 (sur l'évolution historique de la notion de personnage de théâtre).
>
> *Le Théâtre et le Prince 1981-1991*
> Paris, Plon, 1992 (les rapports du théâtre et de l'État vus par un ancien directeur du Théâtre et des Spectacles au ministère de la Culture).

BADIOU Alain
> *Rhapsodie pour le théâtre,* Paris, Le Spectateur Français, Imprimerie Nationale, 1990 (l'évolution du théâtre vue par un philosophe).

BANU Georges
> *Le Théâtre, sorties de secours,* Paris, Aubier, 1984 (la crise du théâtre et ses issues).

BARTHES Roland
> *Essais critiques,* Paris, Seuil, 1984 (notamment le chapitre sur « Le bruissement de la langue »).

BRECHT Bertolt
> *Écrits sur le théâtre,* Paris, L'Arche, 1972, 2 vol. (les textes fondateurs du théâtre épique).

CORVIN Michel
Le Théâtre Nouveau en France, Paris, P.U.F., éd. de 1987, « Que sais-je ? » n° 1072.

Dictionnaire Encyclopédique du Théâtre, Paris, Bordas, 1991 (notamment pour les notices sur les auteurs et les courants esthétiques).

COUTY Daniel et REY Alain
Le Théâtre, Paris, Bordas, 1980, rééd. 1989 (ouvrage général sur le théâtre).

DEUTSCH Michel
Inventaire après liquidation, L'Arche 1990 (les rages d'un auteur à propos du théâtre quand il se confond avec le spectacle).

DORT Bernard
Théâtre public, Paris, Seuil, 1967.
Théâtre réel, Paris, Seuil, 1971.
Théâtre en Jeu, Paris, Seuil, 1979.
La Représentation émancipée, Actes-Sud, 1988 (les « Essais de critique », saison par saison, d'un grand analyste de la vie théâtrale).

DUCROT Oswald
Dire et ne pas dire, Hermann, 1972 (autour de la parole, par un linguiste).

ECO Umberto
Lector in fabula (Le rôle du lecteur), Grasset, Livre de poche, trad. fr. de 1985 (à propos de la réception du texte littéraire).

ESSLIN Martin
Théâtre de l'absurde, Paris, Buchet Chastel, 1963.

GOFFMANN Erving
Les Rites d'Interaction, Paris, Minuit, 1984.

Façons de parler
Paris, Minuit, 1987 (un socio-linguiste étudie les comportements et les rituels quotidiens et il en vient à parler du théâtre).

IONESCO Eugène
Journal en miettes, Mercure de France, 1967, Idées/Gallimard, 1981.

JOMARON Jacqueline (sous la direction de)
Le Théâtre en France, Paris, Armand Colin, 1989 (2 vol.) (une des plus récentes histoires du théâtre français).

KERBRAT-ORECCHIONI Catherine
« Le dialogue théâtral », *Mélanges offerts à P. Larthomas,* Paris, 1985.

« Pour une approche pragmatique du dialogue théâtral », *Pratiques,* n° 41, 1984 (une linguiste s'intéresse à la conversation et au théâtre).

KOKKOS Yannis
Le Scénographe et le héron, Actes-Sud, 1989 (réflexions d'un scénographe sur la scène contemporaine).

LYOTARD Jean-François
La Condition postmoderne, Minuit, 1979 (où réside la légitimité, après les récits ?).

Le Postmoderne expliqué aux enfants
Paris, Galilée, 1988.

MONOD Richard
Les Textes de théâtre, Paris, Cedic, 1977.

PAVIS Patrice
Dictionnaire du Théâtre, Paris, Dunod, 1996 (3e éd.).

PRIGENT Christian
Ceux qui merdrent, Paris, P.O.L., 1991 (quel sens peut avoir aujourd'hui le fait d'écrire ?).

ROUBINE Jean-Jacques
Introduction aux grandes Théories du Théâtre, Paris, Bordas, 1990.

RYNGAERT Jean-Pierre
Introduction à l'analyse du théâtre, Paris, Bordas, 1991.

SARRAZAC Jean-Pierre
L'Avenir du drame, Lausanne, Éditions de l'Aire, 1981 (une réflexion sur les écritures dramatiques contemporaines).

Théâtres intimes
Actes-Sud, Arles, 1989 (la dramaturgie de la subjectivité).

SEARLE John
Sens et Expression, Paris, Minuit, 1982.

SERREAU Geneviève
Histoire du « nouveau » théâtre, Paris, Gallimard, Idées.

ÜBERSFELD Anne
Lire le théâtre, Paris, Éditions Sociales, 1977 (1re éd.) (l'ouvrage de base sur la lecture du texte de théâtre).

VINAVER Michel
Le Compte rendu d'Avignon. Des mille maux dont souffre l'édition théâtrale et les trente-sept remèdes pour l'en soulager, Arles, Actes-Sud, 1987.

Écrits sur le théâtre
Lausanne, L'Aire théâtrale, 1982, nouv. éd., Actes-Sud, 1990.

Index des auteurs
et
metteurs en scène

202

Collection « Lettres Sup. »

Lire

Lire le Romantisme (Bony)
Lire le Réalisme et le Naturalisme (Becker)
Lire le Symbolisme (Marchal)
Lire la Nouvelle (Grojnowski)
Lire le Théâtre contemporain (Ryngaert)
Lire la Tragédie (Couprie)
Lire la Poésie française du XXe siècle (Briolet)
Lire les Lumières (Tatin-Gourier)
Lire l'Épiscolaire (Grassi)
Lire le Théâtre classique (Bertrand)
Lire *Du côté de chez Swann* de Proust (Fraisse)

Théories et analyse des genres

Introduction aux grandes théories du roman (Chartier)
Introduction aux grandes théories du théâtre (Roubine)
Introduction à la poésie moderne et contemporaine (Leuwers)
Introduction à l'analyse du roman (Reuter), 2e édition
Introduction à l'analyse du théâtre (Ryngaert)
Introduction à l'analyse du poème (Dessons)
Les Théâtres de l'absurde (Pruner)
Le Théâtre de boulevard (Brunet)

Histoire littéraire

Introduction à la vie littéraire du XVIe siècle (Ménager), 3e édition
Introduction à la vie littéraire du XVIIe siècle (Tournand), 3e édition
Introduction à la vie littéraire du XVIIIe siècle (Launay)
Introduction à la vie littéraire du XIXe siècle (Tadié), 3e édition

Méthode pour l'analyse des textes

Introduction aux méthodes critiques pour l'analyse littéraire (Bergez et coll.)
Introduction à l'intertextualité (Piégay-Gros)
Introduction à l'analyse statistique (Sancier, Formilhague), 2e édition
Analyses statistiques. Formes et genres (Sancier, Formilhague)
Introduction à la poétique (Dessons)
Traité du rythme des vers et des proses (Dessons, Meschonnic)
Introduction à la lexicologie. Sémantique et morphologie (Lehmann, Martin-Berthet)
Éléments pour une histoire du texte de théâtre (Danan, Ryngaert)
Linguistique pour le texte littéraire (Maingueneau), 3e édition
Exercices de linguistique pour le texte littéraire (Maingueneau, Philippe)
Analyser les textes de la communication (Maingueneau)
Pragmatique pour le discours littéraire (Maingueneau)
Le contexte de l'œuvre littéraire (Maingueneau)

Ouvrages de préparation aux examens et concours

Éléments de rhétorique et d'argumentation (Robrieux)
Vocabulaire de l'analyse littéraire (Bergez, Géraud, Robrieux)
Précis de littérature française (Bergez et coll.)
Précis de grammaire pour les concours (Maingueneau), 3e édition
L'explication de texte littéraire (Bergez), 2e édition
L'atelier d'écriture (Roche), 2e édition

L'atelier de scénario (Roche, Taranger)
Lexique du latin (Caron)
Mythologie grecque et romaine (Commelin, Maréchaux)
L'épreuve orale sur dossier au CAPES externe de lettres modernes
(Baetens), 2e édition
Réussir la dissertation littéraire (Adam)
Le Commentaire composé (Jacopin)
Introduction à l'ancien français (Revol)
Scénographies du théâtre occidental (Surgers)

Achevé d'imprimer sur les presses de
SNEL Grafics sa
rue Saint-Vincent 12 – B-4020 Liège
Tél +32(0)4 344 65 60 – Fax +32(0)4 341 48 41
juin 2005 – 35119

Imprimé en Belgique

N° d'éditeur : 11001530 - (I) - (0,7) - OSB 80° - C2000 - ACT
Dépôt légal : juin 2005